지은이 김원미

어린이들과 함께 박물관과 유적지를 답사하며, 쉽고 재미있는 우리 역사 이야기를 들려주고 있습니다.
동국대학교 고고미술사학과를 졸업하고, 같은 대학원에서 미술사학을 공부하였습니다. '신나는 교과연계 체험학습' 시리즈를 기획했으며, '참 쉬운 뚝딱 한국사' 시리즈, '아빠, 한국사 여행 떠나요!' 시리즈, 《유네스코 세계 유산》 등의 책을 썼습니다.
현재 경주에서, 고고미술사학을 전공한 선생님들과 함께 경주 역사 전문 체험학습 프로그램 '고미선생'을 운영하며
많은 이들에게 경주의 역사와 문화를 소개하고 있습니다.

*고미선생 @educator_gomi

지은이 유재상

옛사람들의 정취가 좋아 어렸을 때부터 박물관과 유적지를 즐겨 찾아다녔습니다. 우리 문화유산에 남다른 애정이 생겨
동국대학교에서 고고미술사학을, 같은 대학원에서 미술사학을 공부했으며, 해인사 성보박물관, 국립경주박물관 학예연구사
등으로 활동했습니다. 자라나는 어린 친구들이 우리 문화유산에 더 많은 관심을 가졌으면 하는 바람으로 이 책을 썼습니다.

그린이 한용욱

대학에서 동양화를 공부했습니다. 지금은 프리랜서 일러스트레이터로 일하며 어린이들의 정서 발달에 도움이 되는
그림을 그리려고 노력하고 있습니다. 그린 책으로 《조선 왕실의 생일잔치》 《궁금해요, 이순신》 《대동여지도》
《옛 그림 속에 숨은 문화유산 찾기》 《우리 역사에 숨어 있는 인권 존중의 씨앗》 《조선통신사 여행길》
《처음 한국사》 1~10권 등이 있습니다.

신라 천 년의 도읍지
구석구석 경주 역사 여행

1판 1쇄 발행 2014년 7월 20일
개정판 1쇄 발행 2024년 4월 15일
개정판 2쇄 발행 2024년 10월 28일

지은이 김원미 · 유재상 **그린이** 한용욱

펴낸곳 도서출판 그린북 **펴낸이** 윤상열
기획편집 서영옥 최은영 **디자인** 맥코웰 **마케팅** 윤선미 **경영관리** 김미홍
출판등록 1995년 1월 4일(제10-1086호) **주소** 서울 마포구 방울내로11길 23 두영빌딩 3층
전화 02-323-8030~1 **팩스** 02-323-8797
블로그 blog.naver.com/gbook01 **이메일** gbook01@naver.com

ⓒ 김원미, 유재상 2014

이 책의 저작권은 저자와 출판사에게 있습니다.
서면에 의한 저자와 출판사의 허락 없이 내용의 일부를 인용하거나 발췌하는 것을 금합니다.

ISBN 978-89-5588-465-4 73910

* 잘못된 책은 구입하신 곳에서 바꾸어 드립니다.

어린이제품안전특별법에 의한 표시
품명 어린이 도서 **제조국** 대한민국 **사용연령** 8세 이상 **주의사항** 책 모서리에 다치지 않도록 주의하세요.

한장한장 우리 역사

신라 천 년의 도읍지

구석구석 경주 역사 여행

김원미·유재상 글 한용욱 그림

그린북

차례

신라 천 년의 도읍지, 금성으로! · 8

노래와 음악 소리가 그치지 않는 도읍지, 금성 · 10

모든 나랏일이 결정되는 궁궐, 월성 · 12

백성들을 굽어 살피는 조상들의 무덤, 대릉 · 14

하늘을 섬기는 마음, 첨성대 · 16

신라 건축 기술의 보고, 황룡사 · 18

바다를 품은 아름다운 월지 · 20

잘 정돈된 금성의 거리 · 22

호화로운 생활을 누린 신라의 귀족 · 24

진귀한 물건이 가득한 시장 · 26

실크 로드의 끝, 신라에 사는 서역인들 · 28

화랑, 청년들의 약속 · 30

봉우리마다 계곡마다 부처님을 만나는 남산 · 32

문무왕의 나라 사랑을 담은 감은사 · 34

부처님의 나라를 꿈꾼 곳, 불국사 · 36

신라 사람들이 꿈꾸는 이상 세계, 석굴암 · 38

금성에 울려 퍼지는 부처님의 음성 · 40

신라의 번영과 멸망을 지켜본 포석정 · 42

금성을 몹시도 사랑한 신라 사람들 · 44

부록 헌강왕 때의 역사 · 45

부록 천 년의 역사를 이어 온 신라 · 46

부록 스탬프 경주 여행! 천 년 도읍지, 경주를 여행해요 · 48

신라 천 년의 도읍지, 금성으로!

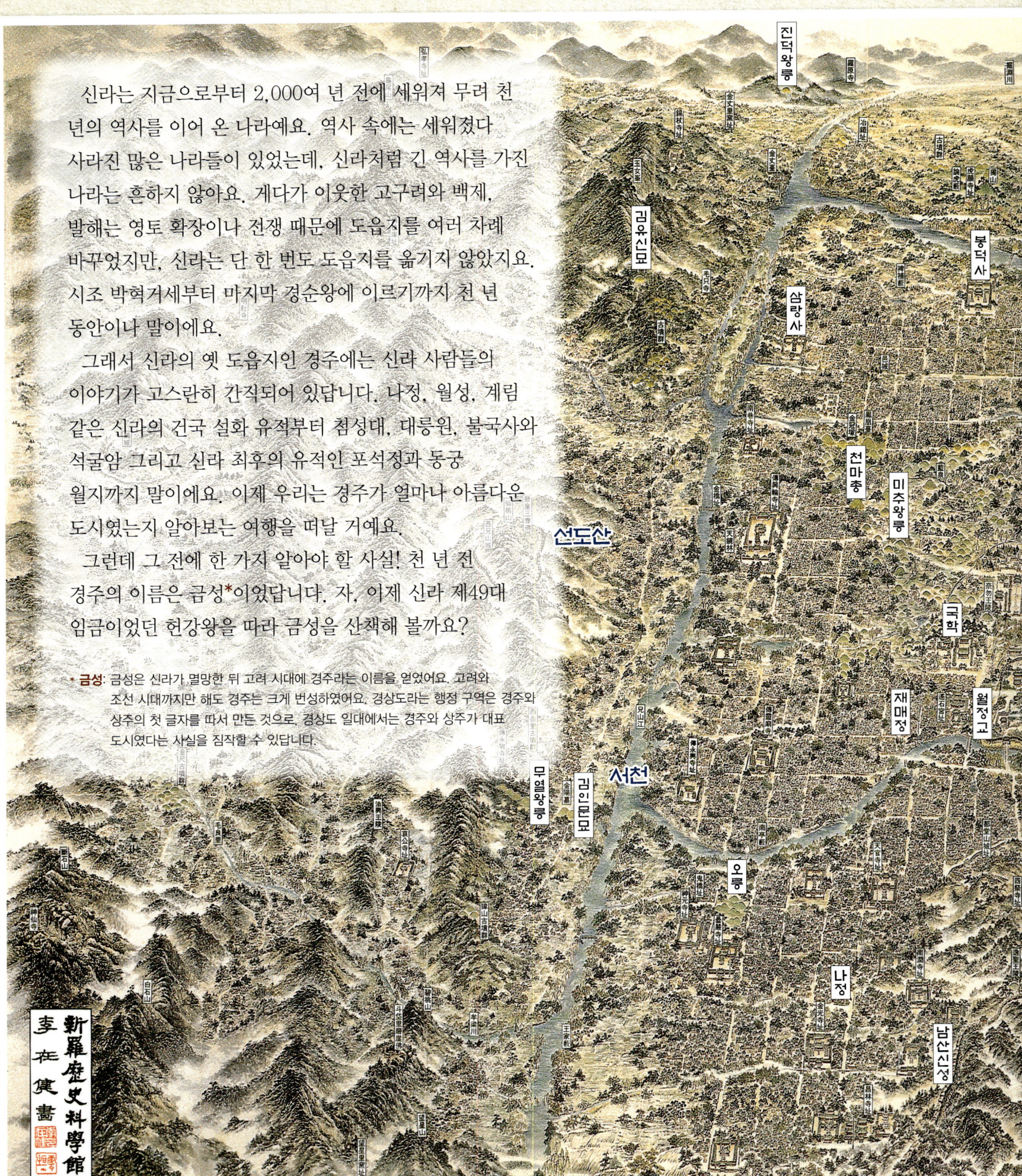

신라는 지금으로부터 2,000여 년 전에 세워져 무려 천 년의 역사를 이어 온 나라예요. 역사 속에는 세워졌다 사라진 많은 나라들이 있었는데, 신라처럼 긴 역사를 가진 나라는 흔하지 않아요. 게다가 이웃한 고구려와 백제, 발해는 영토 확장이나 전쟁 때문에 도읍지를 여러 차례 바꾸었지만, 신라는 단 한 번도 도읍지를 옮기지 않았지요. 시조 박혁거세부터 마지막 경순왕에 이르기까지 천 년 동안이나 말이에요.

그래서 신라의 옛 도읍지인 경주에는 신라 사람들의 이야기가 고스란히 간직되어 있답니다. 나정, 월성, 계림 같은 신라의 건국 설화 유적부터 첨성대, 대릉원, 불국사와 석굴암 그리고 신라 최후의 유적인 포석정과 동궁 월지까지 말이에요. 이제 우리는 경주가 얼마나 아름다운 도시였는지 알아보는 여행을 떠날 거예요.

그런데 그 전에 한 가지 알아야 할 사실! 천 년 전 경주의 이름은 금성*이었답니다. 자, 이제 신라 제49대 임금이었던 헌강왕을 따라 금성을 산책해 볼까요?

* **금성**: 금성은 신라가 멸망한 뒤 고려 시대에 경주라는 이름을 얻었어요. 고려와 조선 시대까지만 해도 경주는 크게 번성하였어요. 경상도라는 행정 구역은 경주와 상주의 첫 글자를 따서 만든 것으로, 경상도 일대에서는 경주와 상주가 대표 도시였다는 사실을 짐작할 수 있답니다.

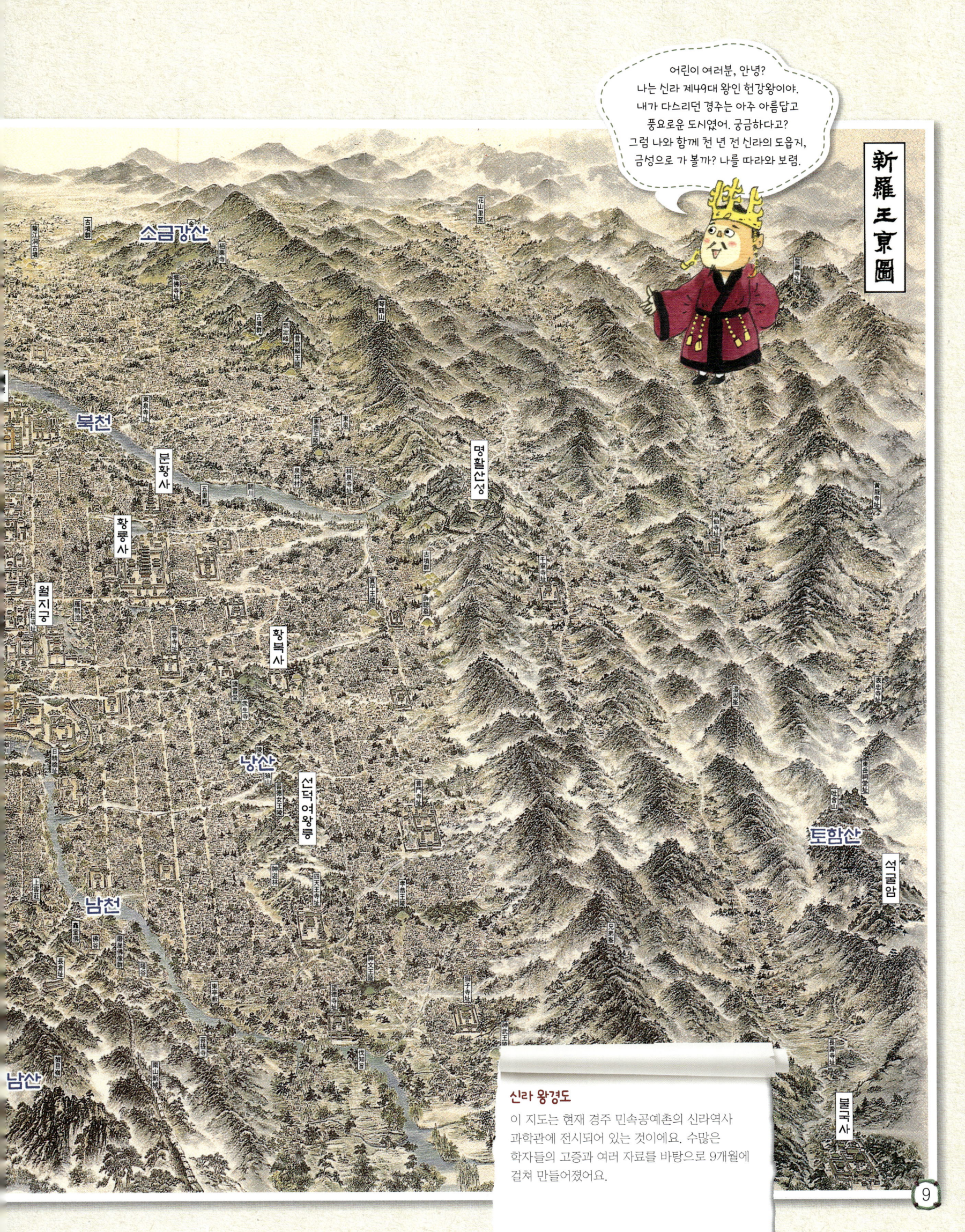

노래와 음악 소리가 그치지 않는 도읍지, 금성

지금부터 내가 신라를 다스리던 시절, 신라의 수도였던 금성의 이야기를 들려주려고 해. 금성이 얼마나 아름다웠는지 알고 나면 무척 놀랄 거야.

880년 어느 가을날, 나는 신하들과 함께 금성이 한눈에 보이는 월상루에 올랐어. 그리고 사방을 둘러보았지.

내가 다스릴 때의 금성은 바람이 알맞게 불고 비가 적당히 내려서 해마다 풍년이 들었어. 덕분에 백성들은 굶주림 없이 풍족하게 살았지. 나라가 안정되어 도시가 즐거우니 나도 신하들도 기뻤단다.

자, 금성이 얼마나 화려하고 아름다운 도시였는지 한번 훑어보렴.

> **신라 제49대 임금, 헌강왕**
>
> 나는 경문왕의 아들이자, 정강왕의 형이며, 진성 여왕의 오빠란다. 어려서부터 책 읽기를 좋아하고 춤과 노래를 즐겼어. 875년에 왕위에 올라 886년까지 신라를 다스리며 비교적 안정적인 정치로 신라를 크게 번성시켰지.
>
> **헌강왕의 가계도**
>
> - 제48대 경문왕
> - 문의 왕후 김씨
>   - 제49대 헌강왕
>   - 제50대 정강왕
>   - 제51대 진성 여왕

"전하께서 즉위하신 후 나라가 안정되고, 도시가 즐거우니 모두 전하의 어진 덕에 의함이옵니다."

"그것은 그대들의 도움에 힘입은 것이지, 나에게 무슨 덕이 있겠소?"

금성은 마치 바둑판처럼 구역이 나뉘어 도로가 잘 정비되어 있었고, 하수도 시설도 아주 훌륭했어. '황금의 나라'라는 이름에 걸맞게 금을 입힌 주택도 있었지. 실크 로드를 통해 세계 여러 나라의 온갖 사치품들이 들어왔단다. 나라 안팎의 모든 소식과 물건은 금성으로 모였고, 나랏일과 관련된 모든 결정 역시 금성에서 이루어졌어. 그래서 신라 사람들은 금성을 아주 특별하게 여겼단다.

천 년의 신라 도읍지, 금성

전쟁이 잦았던 시기의 도읍지는 외적의 침입을 막는 게 매우 중요했어. 그래서 대개 산으로 둘러싸인 곳에 도읍지를 두었지. 편리한 교통을 위해서 물길도 있어야 해. 그리고 사람들의 편리한 생활을 위한 평야까지 있으면 더할 나위 없겠지. 신라 도읍지인 금성이 딱 그런 곳이야. 금성은 동서남북으로 토함산, 선도산, 남산, 소금강산에 둘러싸여 있어. 또한 물자가 쉽게 세상으로 나아갈 수 있게 가까이 바다도 있고 말이야. 게다가 금성을 에워싼 작은 하천들은 발달된 물길의 역할은 물론이고, 금성을 기름진 평야로 만들어 주었어. 신라가 고대 국가로 발돋움할 수 있는 도읍지로서의 모든 조건을 갖춘 곳이었지.

모든 나랏일이 결정되는 궁궐, 월성

이곳은 내가 사는 궁궐이야.

아주 오래전, 신라가 세워질 무렵 이곳에는 호공이라는 사람이 살았지. 그런데 이 땅에 좋은 기운이 가득하다는 걸 알아본 탈해왕이 꾀를 내어 이곳을 차지했단다. 신라 왕들은 이곳이 반달처럼 생겨서 앞으로 신라를 꽉 찬 달로 만들어 줄 좋은 땅이라고 생각했던 거야. 그래서 이름도 달 월(月) 자를 붙여서 월성이라 지었지. 신라에는 여러 개의 궁궐이 있는데, 문무왕 때부터 이곳을 중요한 궁궐로 사용했어.

이 궁궐에는 많은 건물이 있어. 그중 신하들에게 새해 인사를 받거나 사신을 맞이하는 조원전, 신하들과 연회를 여는 숭례전, 해룡이 된 문무왕과 천신이 된 김유신 장군에게 받은 만파식적을 보관하는 내황전 등이 있지. 궁 주변에는 김알지가 태어났다는 계림, 인재를 양성하는 국학, 나랏일을 하는 관청들이 자리 잡고 있어. 남쪽으로는 남산이 바라보인단다.

> 전하, 중국 당나라에서 황소의 난*이 평정되었다고 소식이 왔사옵니다.

* 황소의 난
중국 당나라 말기에 소금 장수였던 황소가 일으킨 반란이에요. 이를 계기로 당나라가 멸망하게 되었답니다.

신성한 숲, 계림
신라는 나라 이름을 사로국에서 시작해 계림이라고 하였다가 다시 신라로 바꾸었어요. 신라 사람들은 나라가 계림에서 시작되었다고 생각했거든요. 그래서 계림을 한때 나라의 이름으로 사용할 만큼 중요하게 여겼지요.

계림 — 금성 사람들이 신성하게 여기는 숲이란다.

관청 — 나랏일을 하던 국가 기관이야.

내물왕릉

국학 — 인재를 양성하기 위해 세운 학교야.

월정교 — 월성과 남산을 잇는 중요한 다리야.

남천 — 월성 남쪽으로 흐르며 월성을 보호해 주는 자연 해자 역할을 했어.

그래? 평정을 축하하는 사신을 파견해야겠구나.

석탈해가 월성 땅을 차지한 이야기

신라의 제4대 왕인 석탈해(탈해왕)는 하인을 데리고 살 곳을 찾아다니다가 초승달처럼 생긴 작은 언덕을 발견했어. 참 살기 좋은 땅이라 생각했는데, 그곳에는 이미 호공이 살고 있었단다. 그래서 석탈해는 꾀를 생각해 내어 호공의 집 바로 옆에 숯과 숫돌을 묻었지. 그리고 이튿날 자기 가문의 집을 빼앗겼다며, 호공을 관가에 고발하였단다. 그 증거로 땅에 숯돌과 숯이 묻혀 있을 거라고 했지. 땅을 파자 정말 숯과 숫돌이 나왔고, 석탈해는 호공의 집을 차지할 수 있었어.

인재를 키우는 학교, 국학

인재를 양성하기 위해 세운 학교란다. 신문왕이 설립하였고, 성덕왕과 경덕왕이 적극 지원했지. 주로 귀족 가문의 자녀들이 다녔는데, 《논어》와 《효경》 등을 공부했어. 나는 자주 국학에 행차하여 각 분야의 전문가인 박사들에게 교육을 잘하도록 사기를 북돋아 주었단다.

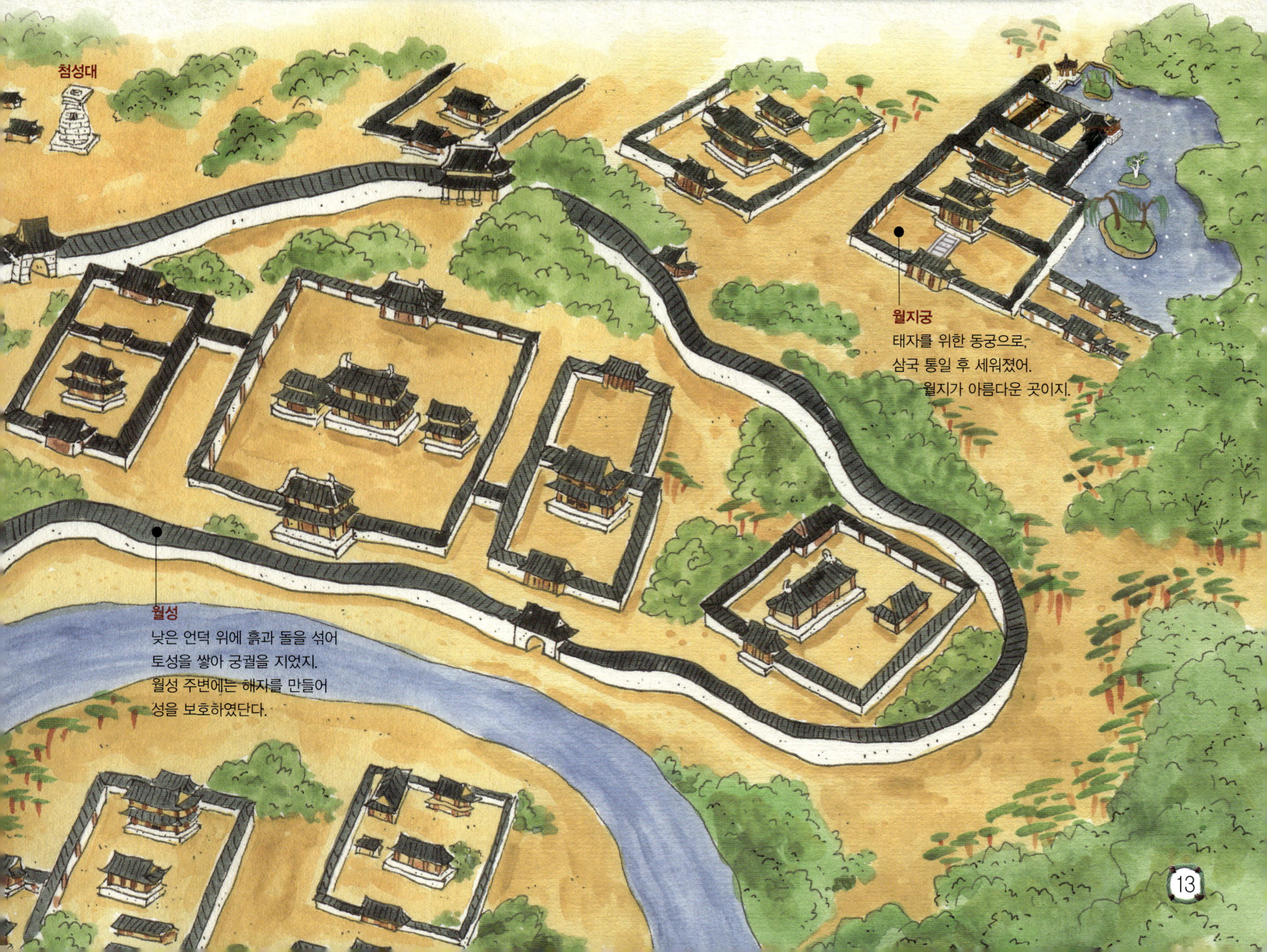

첨성대

월지궁
태자를 위한 동궁으로, 삼국 통일 후 세워졌어. 월지가 아름다운 곳이지.

월성
낮은 언덕 위에 흙과 돌을 섞어 토성을 쌓아 궁궐을 지었지. 월성 주변에는 해자를 만들어 성을 보호하였단다.

백성들을 굽어 살피는 조상들의 무덤, 대릉

쉿! 여기는 신라의 역대 왕들이 잠들어 있는 곳이란다. 그래서 신라의 왕들은 이곳을 특별하게 지키고 관리했어. 신궁을 세우고, 제사도 지냈지. 역대 왕들 중 신라의 왕들이 가장 존귀하게 모셨던 왕은 미추왕이야. 그래서 미추왕 역시 이곳에 모셔졌어.

그런데 왜 이렇게 커다란 왕릉을 금성 한가운데에 만들었느냐고? 선왕이 죽은 뒤 새 왕이 왕위에 오르면 귀족과 백성들은 불안한 마음이 들었을 거야. 누구보다 그 사실을 잘 아는 왕은 안전한 왕위 계승을 바탕으로 여전히 강력한 왕권을 다지고 싶어 했어. 귀족들에게 정치적 도전을 받기 전에 말이야. 그래서 선왕의 무덤을 크고 위풍당당하게 만들었어. 그 왕릉에 묻힌 선왕이 자신들을 굽어 살핀다고 백성들이 느끼도록 말이야.

이렇게 큰 무덤이 금성에는 150여 기가 넘게 흩어져 있단다.

돌무지덧널무덤으로 만든 신라의 왕릉
돌무지덧널무덤은 말 그대로 나무방(덧널) 위에 엄청난 양의 돌을 덮어 만든 무덤이야.

진흙 강돌과 봉토 사이에 진흙을 발랐지. 물이 무덤 안으로 스며들지 못하도록 말이야.

봉토 마지막으로 흙을 높게 덮고, 잔디를 심어 무덤이 무너지지 않도록 보호했어.

강돌 크고 웅장한 무덤을 만들기 위해 엄청난 양의 강돌을 나무방 위로 덮었어.

껴묻거리 상자 죽어서 다른 세상에서 사용할 여러 가지 물건을 담은 상자야.

나무관(널) 화려한 금관, 목걸이, 금제 허리띠, 팔찌, 둥근고리자루 칼을 착용한 시신을 놓았어.

나무방(덧널) 시간이 지나면 나무가 썩어서 나무방이 무너지게 만들었어. 그렇게 하면 강돌과 봉토가 가라앉아 함부로 무덤을 파헤칠 수 없거든.

천마총 금관

신라 사람들이 생각한 죽음 신라 사람들은 죽음이 끝이 아니라 다른 세상에서 다시 태어나는 거라고 생각했어. 그래서 춤과 노래로 장례를 치렀지. 뿐만 아니라 무덤에도 다양한 껴묻거리를 넣어 주었어. 다른 세상에서도 부족한 것 없이 행복하게 잘 살라고 말이야.

천마총

황남대총

황남대총 금관

표주박형 왕릉 황남대총은 두 개의 무덤이 연결된 구조를 하고 있단다. 왕의 무덤을 남쪽에 먼저 만들고 몇 년 뒤 왕비의 무덤을 북쪽에 잇대어 만들었거든. 한번 닫힌 왕릉은 영원히 열 수 없었기 때문이지. 이런 커다란 무덤을 만든 건 왕의 권력과 위엄을 과시하는 동시에, 무덤을 영원한 안식처라고 생각했기 때문이란다.

신비한 동물, 천마 천마총에서 나온 말다래에 그려진 그림으로, 하얀 말 한 마리가 하늘을 달리는 모습을 하고 있단다. 신라인들은 천마를 하늘과 땅을 이어 주는 신성한 동물로 여겼어.

천마도

아직도 튼튼한 첨성대
첨성대는 선덕 여왕 때(재위 632~647년) 건립되어 1,300년이 넘도록 원래 모습을 그대로 유지하고 있어요.

지진에도 무너지지 않은 첨성대
779년 금성에 큰 지진이 있었단다. 많은 집들이 무너지고 100여 명의 사망자가 발생했지. 그런데 그 지진에도 첨성대는 무사했어. 돌로만 쌓아 올린 건물인데, 그게 어떻게 가능했냐고? 그 비밀은 바로 첨성대 내부에 있지. 첨성대 내부의 반은 돌과 흙으로 가득 차 있거든. 그 돌과 흙이 외관의 돌을 꽉 움켜쥐는 역할을 해서 쉽게 무너지지 않은 거야. 그래서 강한 지진에도 본래의 모습을 고스란히 유지했던 거란다.

왜 첨성대를 만들었을까?
신라 시대에는 자연의 현상을 오로지 하늘의 뜻이라고 생각하고, 하늘의 뜻이 왕에게만 전해진다고 믿었어. 하지만 선덕 여왕은 과학적인 천문학과 역법을 받아들이고자 했지. 그러기 위해 첨성대를 만들었단다. 이후 신라에서 일식을 무려 29회나 관찰하여 기록하였는데, 그 당시 일식을 관찰할 정도로 천문학이 발달한 나라는 동양에서 중국밖에 없었지.

첨성대에 올라가는 방법
첨성대의 안은 절반이 돌과 흙으로 차 있어서 첨성대에서 하늘을 보기 위해서는 가운데 네모난 구멍에다 사다리를 걸친 뒤에 올라가야 하지. 그리고 꼭대기까지는 내부에 연결된 사다리를 이용한단다.

하늘을 섬기는 마음, 첨성대

첨성대는 선덕 여왕이 만들었단다. 선덕 여왕은 신라 제27대 왕으로 신라의 첫 번째 여왕이야. 아들이 없는 진평왕은 왕위를 덕만 공주인 선덕 여왕에게 물려줬어. 그러자 중국 당나라 태종은 여성인 선덕 여왕을 왕으로 인정하지 않았고, 신라 귀족들도 선덕 여왕을 못마땅해했지. 궁지에 몰린 선덕 여왕은 하늘의 뜻을 잘 살펴 왕권 강화는 물론이고, 백성들의 생활도 안정시키고 싶었단다. 그래서 첨성대를 만들었지.

하늘의 움직임을 관찰하는 것을 천문학이라고 하고, 절기를 계산하는 방법을 역법이라고 해. 이때 필요한 것이 첨성대였어. 이처럼 천문학과 역법에 관심을 가진 이유는 농사 때문이야. 농사는 국가 경제의 밑바탕이고, 민심을 안정시키는 아주 중요한 산업이었거든. 선덕 여왕은 진짜 하늘은 민심이라는 걸 알고 있었던 거야.

네모난 돌로 쌓은 둥근 첨성대

첨성대의 전체 모습을 한번 보렴! 둥근 병처럼 생겼지? 그런데 자세히 보면 돌을 네모반듯하게 잘라 만들었단다. 여러 장의 돌을 원에 가까운 모양이 되도록 쌓아 올린 거야. 그러면서 전체적으로 절기를 상징하도록 개수를 맞췄단다. 첨성대를 이루는 전체 돌 수는 362개로, 음력으로 1년의 날수와 같아. 이것만 봐도 신라의 건축과 수학이 얼마나 발달했는지 알 수 있지. 이렇게 치밀한 계산으로 만들면서도 겉모양의 아름다움 또한 신경을 썼단다.

여러 가지 상징으로 건축된 **첨성대**

- 상단부
- 몸체부
- 기단부
- 12단: 1년의 12개월을 나타내.
- 돌의 수: 362개로, 음력으로 1년의 날수를 나타내.
- 12단: 12간지를 나타내.
- 27단: 신라 제27대 여왕인 선덕 여왕을 나타내.
- 29단: 음력으로 한 달의 날수를 나타내.

신라 건축 기술의 보고, **황룡사**

경주에는 황룡사, 분황사, 황복사같이 이름에 '황' 자가 들어간 절이 많단다. '황(皇)'은 '왕(王)'과 같은 뜻으로 쓰였어. 그러니까 황룡사는 왕실에서 세운 절이야. 원래는 궁궐을 지으려고 하다가 불심이 깊었던 진흥왕이 절로 만들었지. 무엇보다도 이 황룡사의 자랑거리는 9층 목탑이란다. 동아시아에서 가장 높은 목탑으로 그 위용이 대단하거든.

아직은 신라가 다른 나라에 비해 약하다고 생각하는 선덕 여왕에게 중국으로 유학을 다녀온 자장 법사가 한 가지 제안을 했어. 신라 주변의 아홉 나라를 물리치기 위해서 9층탑이 필요하다고 말이야. 그런데 사실 당시 신라의 건축 기술은 9층 목탑을 세울 만큼 발달하지 않았단다. 그래서 선덕 여왕은 백제의 장인인 아비지를 초청했어. 아비지는 불과 2년 만에 황룡사 9층 목탑을 만들었단다. 백제의 건축 기술이 얼마나 대단했는지 알 수 있지?

내가 왕이 되었을 때 이곳 황룡사에 백고좌*를 설치해서 강의나 토론을 자주 열었단다. 나는 강의를 듣기 위해 황룡사에 자주 행차했지.

* 백고좌: 나라의 평안과 백성의 고통을 구제하기 위한 불교 행사로, 100개의 자리를 마련하고 100명의 법사를 청해 100일 동안 매일 한 명씩 설법하는 법회를 말해요.

솔거의 노송도
신라에는 솔거라는 유명한 화가가 있었어. 솔거는 황룡사에 〈노송도〉라는 벽화를 그렸단다. 그런데 이 오래된 소나무 그림이 얼마나 진짜 같았는지 새들이 나무에 앉기 위해 날아들어 벽에 부딪히는 일이 많았다고 해.

황룡사
553년 진흥왕 때 절을 세우기 시작했어. 645년 선덕 여왕 때 9층 목탑을 완성하기까지 무려 90여 년에 걸쳐 건축한 절이란다.

종루
종을 걸어 두기 위해 세운 건물이야. 이 종루에 경덕왕 때 세운 종이 걸려 있는데, 성덕대왕신종보다 훨씬 더 크고 무겁다는구나.

밤하늘의 별처럼 많은 절
신라 사람들은 금성 곳곳에 절을 세웠단다. 불교를 수용하고 처음 세운 흥륜사를 비롯해 황룡사, 분황사, 사천왕사, 감은사, 황복사, 봉덕사, 원원사, 기림사, 불국사 등 무려 200여 개가 넘는 절이 있었지. 신라 사람들은 절에서 나라의 안정과 평안을 기원하고, 극락왕생을 바라는 기도를 드렸단다.

> 황룡사의 모든 승려에게 대접하고 곧 백고좌를 열어 불경을 강론하도록 하시오!

황룡사 9층 목탑을 설계한 아비지
선덕 여왕은 백제의 건축 기술자인 아비지를 초청해서 황룡사 9층 목탑을 짓게 했어. 처음 탑의 기둥을 세우던 날, 아비지는 이상한 꿈을 꿨대. 백제가 멸망하는 모습을 보고 백제로 돌아가려고 하자 땅이 진동하고 하늘이 어두워지면서 금당문에서 장사가 나와 기둥을 세우고 사라지는 꿈이었지. 꿈에서 깬 아비지는 모든 것이 부처님의 뜻이라고 생각하고 신라에서 탑을 완성시키는 데 전념했다는구나.

향기로운 절, 분황사의 모전석탑
분황사는 황룡사 바로 옆에 자리 잡고 있어요. 이름에서 알 수 있듯이 분황사 역시 왕실 사찰이에요. 분황사의 모전석탑은 독특한 모양을 하고 있어요. 전탑이란 흙으로 만들어 구운 벽돌을 쌓아 올려 만든 탑인데, 신라 사람들은 돌을 벽돌 모양으로 흉내 내서 깎아 탑을 쌓았어요. 그래서 모전석탑이라고 해요.

황룡사 9층 목탑의 특별한 기능
황룡사는 신라 궁궐인 월성과 가깝게 위치해 있어서 왕궁을 보호하고 적의 침입을 감시하기 위한 망루 역할도 한단다.

> 황룡사에 쓰인 치미는 내 키보다도 크구나.

182 센티미터

황룡사의 규모 · **치미**

황룡사는 넓이도 정말 크고 넓었어. 아마 너희가 뛰노는 축구장의 10배 정도 되는 크기일걸. 9층 목탑은 아파트 25층 높이란다. 이 치미는 지붕을 장식하는 기와야. 치미의 높이만도 182센티미터나 되니, 황룡사가 얼마나 큰 절이었는지 짐작이 되지?

> 예, 전하! 그리 전하겠사옵니다.

바다를 품은 아름다운 월지

금성에서 가장 아름다운 궁궐은 월지궁이란다. 왕자가 살고 있어 동궁*이라고도 하지. 이곳에는 아름다운 연못이 있어. '달이 머무는 연못'이라 해서, 월지(月池)라고 부르지. 보름날 밤, 푸른 숲으로 둘러싸인 어두운 월지에 하얀 달빛이 비친 풍경은 아주 황홀하단다.

그래서 이곳에서는 연회가 자주 열리곤 해. 외국에서 사신이 오거나 나라에 큰 경사가 있을 때, 여러 신하들을 동궁의 임해전으로 초대했지. 그때마다 이 주령구*로 우리는 흥겨운 술판을 벌였단다.

내가 신하들에게 주사위를 건네면, 그중 한 명이 주사위를 던지지. 14면체의 주령구*는 빙글빙글 돌다 바닥에 떨어진단다. 주령구 면에는 여러 가지 벌칙이 적혀 있는데, 그중 '한 잔 다 마시고 크게 웃기'라는 벌칙도 있어. 그 면이 나오면 주령구를 던진 신하는 술 한 잔을 마시고 내게 큰 웃음을 선사한단다. 어떤 신하는 '소리 없이 춤추기'라는 벌칙을, 어떤 신하는 '여러 사람 코 때리기'라는 벌칙을 받기도 했지.

잔치가 무르익으면 나는 거문고를 연주하고, 신하들은 각각 노래 가사를 지어 내게 올리면서 마음껏 즐겼단다.

* 동궁: 태자나 세자가 거처하는 곳이 궁궐의 동쪽에 있던 데서 유래한 말로, 황태자, 왕세자 또는 태자궁, 세자궁을 뜻해요.
* 주령구: 정사각형 면 6개와 육각형 면 8개로 이루어진 14면체의 주사위예요. 각 면에는 다양한 벌칙이 적혀 있어 풍류를 즐기는 데 사용되었어요.

> 전하께서 즉위하신 이후 백성들의 곤궁한 살림살이가 펴지고, 태평한 세월을 보내고 있사옵니다.

> 모두 그대들의 덕이니, 신하들을 동궁의 임해전으로 들라 하시오. 내 연회를 베풀어 그대들의 노고를 위로할 것이오!

연못의 배
신하들은 한데 어울려 놀다가도, 연못 주변을 돌며 산책을 하거나 연못에 배를 띄우고 뱃놀이를 즐겼지.

월지의 가장자리
구불구불 굴곡진 연못 기슭의 모양은 해안선을 본떠서 만든 거란다.

세 개의 섬
신선이 살고 있다고 전해지는 중국의 봉래산·방장산·영주산을 상징한단다. 연못으로 흘러들어 온 물이 고여 썩는 것을 막도록 섬 주위를 돌아 흐르게 했어.

주령구(복제품)

뛰어난 연못 건축 기술
월지궁은 문무왕이 삼국을 통일한 후인 674년에 세운 궁궐이란다. 전쟁의 승리를 축하하고, 신라의 번영을 바라는 마음에서 말이야. 그때 신라는 고구려, 백제 두 나라의 건축 문화를 받아들여 화려하고 아름다운 궁궐과 연못을 만들었지.

월지에서 발견된 유물
전돌이나 기와를 보면 삼국 통일 전 신라에는 없던 섬세한 무늬로 장식된 것이 눈에 띄어요. 삼국 통일 후 신라의 건축 기술이 얼마나 화려해졌는지를 짐작시켜 주는 유물이랍니다.

용얼굴무늬 기와 **조로2년명 보상화무늬 전돌**

바다를 표현한 월지
월지 어느 곳에서도 연못 전체가 한눈에 들어오지 않게 설계되어 있단다. 왜냐고? 한눈에 들어오지 않을 만큼 넓은 바다를 표현했거든.

화려한 전각, 임해전
월지는 사계절이 아름다운 연못이지. 하여 다는 신하들과 이곳에서 자주 연회를 즐겼단다. 임해전은 아름다운 월지가 가장 잘 바라보이는 위치에 있어. 임해전의 '임해'란 바다를 바라본다는 뜻이야.

월지의 석축
바다를 내려다보는 땅을 표현하기 위해 직선으로 석축을 쌓았어. 삼국 통일 후 고구려에서 배운 석축 기술로 쌓은 거야.

금성에는 많은 사람들이 살고 있단다. 신라 어느 도시도 이처럼 많은 사람들이 살지는 않아. 신라 전성기 때에는 금성에만 약 90만 명이 살았을 정도지. 많은 사람들이 모여 살다 보니 금성에는 집들이 빼곡하게 들어섰단다. 담장과 담장을 나란히 하고, 반듯한 길들 사이로 집들이 늘어섰지. 이곳 금성에서 동해구에 이르기까지 추녀가 맞붙고 담장이 연이을 정도로 집들이 촘촘히 들어섰지만 초가집은 없단다. 대단하지? 금성은 그만큼 풍요로운 도시야.

이곳에는 어떤 사람들이 사느냐고? 월성과 별궁에는 왕족들, 나랏일을 하는 관리와 지방에서 올라온 벼슬아치들이 살고 있어. 궁궐 주변을 보면 고래 등 같은 기와집들이 많은데, 그곳에는 금성에서 내로라하는 가문의 귀족들이 살고 있단다. 김유신이 살던 재매정택도 월성 가까운 곳에 자리 잡고 있지.

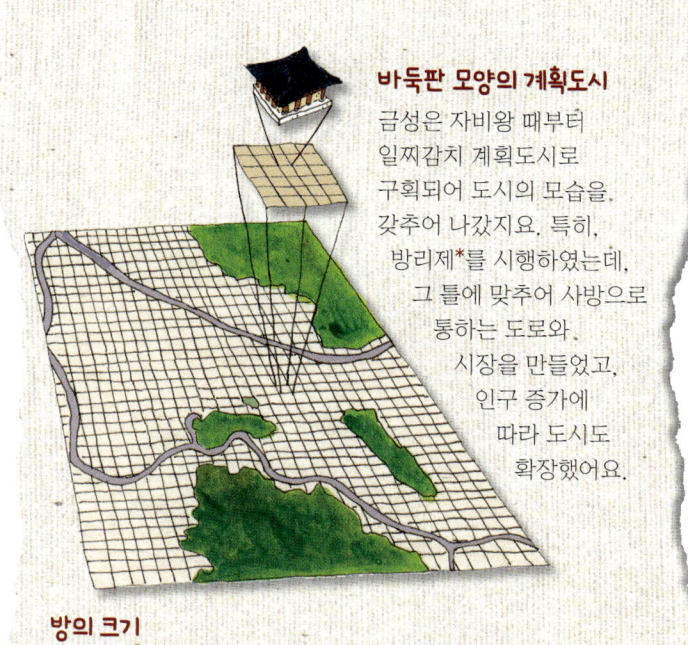

바둑판 모양의 계획도시
금성은 자비왕 때부터 일찍감치 계획도시로 구획되어 도시의 모습을 갖추어 나갔지요. 특히, 방리제*를 시행하였는데, 그 틀에 맞추어 사방으로 통하는 도로와 시장을 만들었고, 인구 증가에 따라 도시도 확장했어요.

방의 크기
황룡사 근처 하나의 방을 살펴볼까요? 방의 크기는 지역마다 다소 다르지만 한 면의 길이가 약 160미터인데, 이 안에 담장을 두른 저택 30여 채가 있었지요. 황룡사는 그런 방 네 개로 이루어져 있었으니 엄청난 규모임을 알 수 있어요.

* 방리제: 사방이 도로로 둘러싸인 도시의 한 구획을 방이라고 해요. 방리제는 시가지를 방으로 구획한 제도를 말해요.

수레
금성을 오가는 수레는 대부분 귀족들의 것이야. 신분에 따라 수레의 크기와 장식이 다르단다.

우물
금성에는 집집마다 우물이 있단다. 우물은 생활에 필요한 물을 공급해 주지. 그 때문에 금성 사람들은 우물을 신성하게 여겨 제사를 드리기도 했단다.

숯으로 요리하는 금성
금성 사람들은 풍로에 숯을 피워 음식을 요리하고, 온돌 대신 풍로를 이용해 난방을 했단다. 덕분에 나무를 태울 때 나는 연기나 그을음이 생기지 않아 금성 사람들은 쾌적한 주거 환경을 누렸지.

호화로운 생활을 누린 신라의 귀족

신라는 골품제라는 엄격한 신분제가 있단다. 골과 품으로 나뉘는데, 골에는 왕족과 귀족이, 품에는 지방 세력과 평민이 속해. 골품제는 한번 결정되면, 부모에 따라 대대로 신분이 이어지지. 원래는 성골이 가장 높지만 실제로 최고의 사회적 지위와 권세를 누린 신분은 진골이야. 이들은 왕족이나 귀족으로, 엄청난 부와 권력을 누리지.

진골 귀족들은 집 안을 화려하게 꾸미고, 값비싼 수입품을 사용하며 호화스럽게 살았단다. 이런 생활이 지나치자 834년 흥덕왕은 진골 귀족들의 무분별한 사치를 막기 위해 신분에 알맞게 집을 꾸미고 의복을 갖출 것을 법으로 만들었지. 값이 비싼 당나라식 기와로 지붕을 덮거나, 금과 은, 황동과 오색 단청으로 집을 호화롭게 장식해서는 안 된다고 했지. 그러나 진골 귀족들은 이를 잘 지키지 않았어.

신라에서는 모든 사회 활동이 골품제에 따라 결정되었는데, 벼슬과 결혼, 집의 규모와 옷, 집안 살림살이까지도 신분에 따라 규정되었지. 이로 인해 지식인층인 6두품과 지방 사람들의 불만이 높을 수밖에 없었단다.

834년 흥덕왕의 사치 금지령

귀족들의 사치가 점차 심해지자 흥덕왕은 "풍속이 점점 각박해지고, 백성들이 다투어 사치와 호화를 일삼고, 진기한 외래품만을 좋아한 나머지 도리어 순박한 우리의 것을 싫어한다."며 신분에 따라 조목조목 사치 금지령을 내렸어. 그중에는 슬슬(푸른 보석)이나 대모(거북이 등딱지) 같은 장식을 삼가라는 조항도 있었지.

금동 문고리
문고리도 금동으로 화려하게 만들었어.

금동 장식
건물의 난간과 기둥을 연꽃 봉오리 등으로 화려하게 장식했어.

바닥의 전돌
마당에 전돌을 깔아 흙을 밟지 않고 다녔지.

집안 살림을 관리하는 집사

귀족들의 저택

신라의 모든 집은 크기와 장식을 엄격하게 제한하여 건축하였단다. 그러나 금성 안에 사는 진골 귀족들은 건축 규정을 잘 지키지 않았어. 여러 채의 살림집과 곡식 창고, 마구간 등을 만들고 화려하게 장식해서 자신들의 부유함을 뽐냈지. 사유지에서 거둬들인 곡식과 비단 같은 사치품들을 실은 수레들이 끊임없이 드나들었고, 집안일을 거드는 하인과 노비들도 많았단다. 금성 안에서 소문난 저택으로 재매정택이 있는데, 김유신 가문의 명예에 걸맞게 화려한 금이나 황동으로 장식된 기와집이란다.

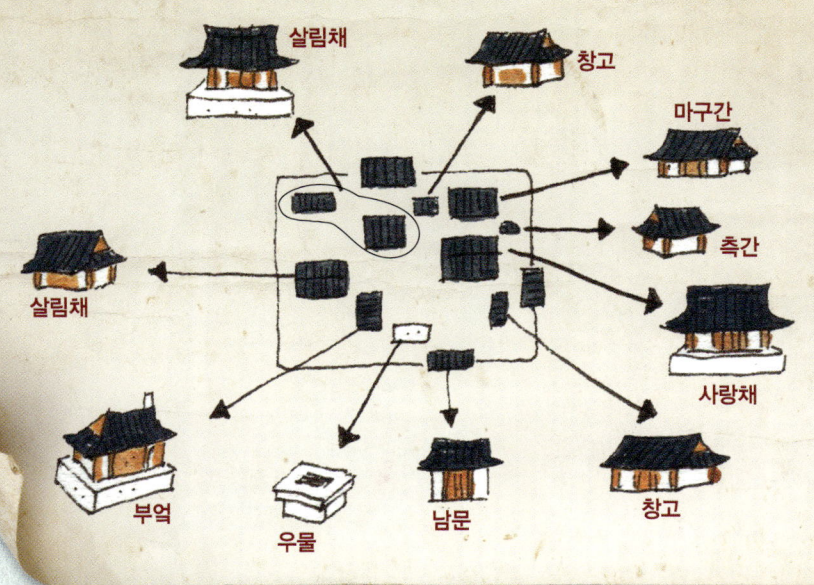

삼국 통일의 일등 공신, 김유신

김유신은 태종 무열왕의 처남이고, 문무왕의 외삼촌이에요. 고구려를 멸망시킨 뒤 신라에서는 가장 높은 벼슬인 태대각간에 올랐지요. 전쟁에서 승리하거나 나라에 큰 공을 세울 때마다 많은 토지와 목장, 노비 등 하사품을 받았는데, 그중에는 궁궐에 오를 때 허리를 굽히지 않고 걸을 수 있는 지팡이도 있었어요. 김유신은 죽은 뒤에도 존경을 받았지요.

대문 앞 수레
사유지에서 거둬들이거나 지방에서 올라온 특산품, 외국에서 수입한 진귀한 물건들을 가득 실어 날랐지.

얼굴무늬 수막새
얼굴무늬 수막새는 일명 천년의 미소로, 신라와 경주시를 상징하는 대표적인 기와 유물이야.

연꽃무늬 수막새
연꽃무늬로 기와를 화려하게 장식했어.

집안일을 거드는 노비

번쩍번쩍 화려한 금입택

금성에는 금이나 황동으로 치장한 초호화 저택이 서른아홉 곳이나 있단다. 금입택에 사는 진골들은 왕권에 뒤지지 않을 만큼 막대한 권세를 누렸지. 햇빛을 받아 빛을 내뿜는 화려한 저택은 진골 귀족의 부와 권력의 상징이기도 했어. 그러니 일본에서 온 학자들도, 아랍에서 온 사절도 신라를 황금의 나라로 인정했지.

진귀한 물건이 가득한 시장

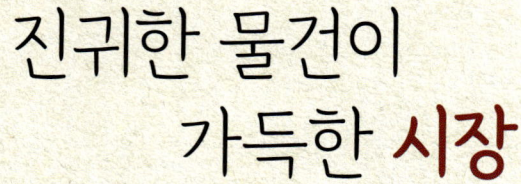

시장은 늘 활기찬 곳이야. 물건을 교환하거나 흥정하는 사람들로 붐비고, 신기한 물건은 언제나 눈을 즐겁게 하는구나. 나라 안팎의 모든 진귀한 물건들은 금성의 시장으로 모인단다. 특히 당나라 상인이나 서역 상인들은 금성에서 동남쪽으로 떨어진 울산항으로 들어와 신라와 무역을 했지.

외국 교역품들은 페르시아나 당나라, 동남아에서 들어온 것들이란다. 주로 향료와 약초 같은 비싸고 가벼운 물품들이야. 푸른빛의 보석인 '슬슬'이 박혀 있는 빗, 공작의 꼬리와 비취(물총새)의 털, 거북이 등딱지인 대모, 향긋한 향내가 나는 나무 자단, 금을 입힌 그릇, 푸른빛의 유리잔 등은 금성에 사는 귀족들이 좋아하는 호화 사치품이지.

시장에서는 낯선 외국 상인들을 쉽게 볼 수 있어. 사람이 많고 물자가 넉넉한 금성은 풍요로운 국제 교역지로 인기가 높거든. 각지에서 상인들이 가져온 다양한 귀중품들을 통해 금성은 세계와 소통하고 국제도시로 발돋움하였단다.

그럼 이제 신라로 온 서역 사람들을 만나 볼까?

서역 상인
머나먼 뱃길을 통해 신라로 온 아라비아 상인들이야. 그들은 한 번도 본 적이 없는 진귀한 물건을 가지고 신라로 들어왔지.

신라 인삼
신라 인삼은 주요한 수출품 가운데 하나란다. 중국 당나라 황제에게도 선물로 보내졌는데, 중국에서 아주 귀한 약초로 여겼지.

놋그릇
부유한 귀족들이 쓰던 고급 놋그릇은 신라의 자랑거리로, 일본으로 수출할 정도의 높은 수준을 자랑한단다.

실크 로드의 끝, 신라에 사는 **서역인들**

지난해 나는 금성의 동쪽 지역을 순행하였단다. 바닷가 포구에 이르렀을 때 갑자기 구름과 안개가 끼어 우리 일행은 길을 잃고 헤매게 되었어. 그래서 바다의 신에게 기도하자 구름이 싹 개었지. 나는 그 포구를 개운포라고 이름 지었어. 그때 어디서 왔는지 알 수 없는 사람 여럿이 나타나 내가 탄 가마 앞에서 노래를 부르고 춤을 추었단다. 그들은 참으로 우리와 다르게 생겼고 차림새도 괴상했어.

금성에는 이와 같은 사람들이 많단다. 큰 키에 부리부리한 눈, 오뚝 솟은 큼직한 코, 곱슬머리에 수염이 수북하게 났단다. 그들은 전혀 다른 생김새 때문에 산과 바다의 정령으로 여겨지기도 했지. 하지만 그들은 서역에서 온 사람들이란다. 교역을 위해 신라로 온 상인들이 대부분이었고, 새로운 세상을 찾아 여행을 온 이들도 있었지. 먼 서방까지 이어지는 실크 로드가 생기면서 동서양 교역의 길도 활짝 열린 거란다. 로마와 아랍 그리고 중국과 신라로 이어지는 길은 육지뿐만 아니라 바다에도 있단다. 이 활발한 교역이 이루어진 세계 최대의 도시들이 콘스탄티노플, 바그다드, 장안 그리고 바로 신라의 도읍지인 금성이지.

당삼채 인물 도기
당나라로 온 서역 상인들의 모습이란다. 서역 사람들의 생김새가 짐작되니?

용강동 고분 출토 토용
덥수룩한 수염에 오뚝한 코를 한 서역인의 모습도 보여.

저 해괴하고 괴상한 사람들은 누구인지 아시오?

산과 바다에 사는 정령이라고 사료되옵니다.

동서양을 잇는 교역로, 실크 로드

세계 각지의 사람들은 길만 있다면 값진 물건과 박식한 지식을 가지고 장사를 하러 떠났단다. 전쟁이나 자연재해를 만나면 잠시 쉬거나 길을 돌아서라도 갔지. 그렇게 그들이 실어 나른 물건과 지식은 문화가 되어 여러 나라의 문화를 발전시켰어. 지도 위의 유리그릇들은 저 먼 로마에서 이곳 신라로 들어온 물건이란다.

처용 이야기

내가 개운포(울산)에서 만난 사람은 처용이란다. 생김새가 우리와는 무척 달라서 나는 그를 서역 사람으로 여기고 있지. 한편 그를 지방 호족의 아들이라고 생각하는 사람도 있고, 정말 바다의 신이라고 여기는 사람도 있단다.

원성왕릉 무인상
머리에 터번을 쓰고, 큼직큼직한 이목구비와 곱슬한 수염이 있는 얼굴에다 근육이 솟은 두 팔을 가진 모습이란다.

흥덕왕릉 무인상
큰 체구에 부릅뜬 눈과 우뚝한 매부리코, 튀어나온 광대뼈의 얼굴을 하고, 머리에는 둥근 터번을 쓴 모습이지.

외국으로 떠난 신라 사람들

낯선 이방인이 금성에 살았던 것처럼 신라 사람들 중에도 외국으로 떠난 사람들이 많았단다. 중국 당나라에는 작은 신라라고 불리는 신라방이 있는데, 당나라와의 국제 무역을 이어 주었단다. 또 학자였던 최치원은 당나라에 유학을 떠나 빈공과라는 과거 시험에 합격해 크게 이름을 떨쳤지. 부처님의 진리를 구하기 위해 인도로 여행을 떠난 혜초는 《왕오천축국전》이라는 여행기를 쓰기도 했어.

왕오천축국전

승려인 혜초가 고대 인도의 다섯 천축국을 다녀와서 쓴 여행 견문록이에요. 육로 기행과 해로 기행이 모두 담겨 있고 정치와 사회는 물론이고 음식, 의상, 기후 등이 지방별로 잘 기록되어 서역 세계를 아는 데 큰 도움이 되었지요. 지금은 일부만이 남아 프랑스 국립 도서관에 소장되어 있어요.

화랑, 청년들의 약속

쉿! 저기 청년들이 보이니? 선배 화랑들이 남긴 서약의 돌을 보며 자신들도 그렇게 되기를 맹세하고 수련을 하고 있구나. 화랑은 춤과 노래를 통해 자연과 호흡하고, 신령한 기운과 하나가 되기 위해 노력했지. 화랑은 산천을 두루 찾아다니면서 몸과 마음을 닦는단다. 부모님께 효도하고 나라에 충성하라는 유교의 가르침, 자연의 길을 따르고 실천하라는 도교의 가르침, 나쁜 짓을 하지 말고 덕을 쌓으라는 불교의 가르침을 모두 모아 화랑도라고 한단다.

어느 나라나 마찬가지겠지만 화랑과 같은 젊은 청년들은 국가의 미래지. 그래서 나는 화랑들을 아끼고 사랑한단다. 사실 삼국 중 가장 약한 나라였던 신라가 삼국 통일을 이룰 수 있었던 것은 화랑의 역할이 컸었거든. 그 정신이 계속 이어지기를 바라. 그러나 요즘은 평화가 이어지면서 화랑의 정신이 약해지고 있어서 걱정이구나.

화랑이 키운 인재, 김유신

김유신은 15세 때 화랑이 되어 용화향도를 이끌었어요. 하루도 쉬지 않고, 몸과 마음을 다스렸던 김유신을 천여 명의 낭도들이 따랐다고 해요. 훗날 김유신은 화랑 정신으로 삼국을 통일하는 일에 한몫했지요. 위 사진은 김유신이 검술을 연마했다는 단석산이에요. 단석산은 김유신이 열심히 수련한 끝에 마음먹은 대로 칼이 움직여 바위도 갈랐다는 설화에서 유래된 이름이랍니다.

금성에서 가까운 화랑의 수련 장소
금성에서 남쪽으로 가면 산 좋고 물 맑은 곳(울주 천전리)에 화랑의 이름이 새겨져 있는 바위가 있다는구나! 그곳이 화랑들의 수련 장소였다는 사실을 알 수 있지.

화랑은 신라의 저력
화랑도는 원래 청소년 단체였지만, 진흥왕 때에 이르러 국가적인 조직으로 개편되었어. 화랑도에는 지도자인 진골 출신의 화랑이 있고, 그 밑에 낭도가 있었지. 산천을 널리 돌아다니면서 원광 법사의 가르침인 세속 5계를 지키며 몸과 마음을 닦았고, 나라를 위하여 목숨을 바쳐 싸웠어. 나라의 어려움을 극복하는 데 크게 기여했을 뿐만 아니라 정치적으로도 큰 영향력을 행사했지.

"전하, 새벽 공기가 차갑사옵니다."

"저 어린 화랑들에게 음식과 따뜻한 옷가지를 하사하도록 하오."

석장사
신라 사천왕사의 소조사천왕상을 조각한 양지 스님이 머무른 절이란다.

임신년 6월 16일 두 사람이 함께 맹세해 기록하여 하늘에 서약한다.
지금부터 3년 이후에 충도를 지키고 허물기 없기를 맹세한다.
만일 이 서약을 어기면 하늘에 큰 죄를 짓는 것이라고 맹세한다.
만일 나라가 평안하지 않고 크게 세상이 어지러워지면 충도를 행할 것을 맹세한다.
또한 따로 앞서 신미년 7월 22일에 크게 맹세한다.
즉 시,* 상서, 예기, 전*을 차례로 익히되, 3년 이내에 이루도록 맹세한다.

임신서기석에 새긴 두 화랑의 맹세
신라의 두 청년이 하늘에 우정과 충성, 학업 정진을 서약하며 돌에 새긴 맹세란다.

* 시: 시경.
* 전: 춘추전.

봉우리마다 계곡마다
부처님을 만나는 남산

월성에서 남쪽을 바라보면 남산이 보여. 신라 사람들은 남산을 신성한 산이라고 생각하며 아주 특별하게 여겼지. 혁거세왕이 태어나고 궁궐을 맨 처음 세운 곳이 남산 자락이거든. 나라의 중대한 결정이 있을 때면 김유신도 일곱 대신과 함께 남산에 모여 회의를 했어.

불교가 전래되면서 신라 사람들에게 남산은 더욱 특별해졌지. 신라 사람들은 부처님의 가르침을 통해 극락에 가길 기원했어. 왕과 잘사는 귀족은 물론이고, 현실이 고단한 백성들이나 노비들도 남산을 바라보며 부처님에게 의지했단다. 그 바람으로 신라 사람들은 남산 골짜기, 정상 곳곳에 불상과 탑을 만들어 놓았어.

그래서 남산에 오르면 골짜기마다 쉽게 불상과 탑을 만날 수 있어. 월성 주변에 있는 사찰이 왕실에서 만든 것이었다면, 남산의 숱한 절은 신라 사람들이 만든 거지. 남산에 있는 것으로 알려진 절만 해도 헤아릴 수 없을 정도로 많아. 그야말로 남산은 부처님의 품이라도 해도 지나친 말이 아닐 거야.

금성을 지키는 남산 신성
금성을 감싸는 동서남북 네 개의 산은 산성 역할도 했어. 그중 남산에는 남산 신성이 있었지. 남산 신성비에는 성을 쌓은 기록이 쓰여 있어. 거기에는 성을 쌓고 나서 3년 안에 무너지면 벌을 받겠다는 내용도 있단다.

미륵곡 석조여래좌상

미륵곡 마애석불

탑곡 마애불상군
커다란 바위 표면에 불상과 탑 등이 가득 새겨져 있어.

진신 석가를 만난 효소왕
신라 제32대 왕인 효소왕은 망덕사에서 낙성회를 열고 직접 나가 공양*하였지. 그런데 옷차림이 남루한 승려가 다가와 재에 참석해 달라고 청하였다. 효소왕은 마지못해 허락하고, "사람들에게 왕이 재에 참석했다고 말하지 말게나."라고 했더니, 승려가 웃으면서 답했대. "전하께서도 사람들에게 석가를 공양했다고 말하지 마십시오."라고 말이야. 말을 마친 승려는 광채를 내며 남산으로 사라졌다는구나. 왕이 당황하며 남산으로 석가 부처를 찾으러 갔는데, 석가 부처는 지팡이와 바리때*를 벗어 놓고 바위 속으로 사라져 버렸다지 뭐니. 그래서 신라 사람들은 바위에 그렇게 많은 불상을 새겼는지도 몰라. 부처님을 만나고 싶어서 말이야.

* 공양 : 부처님 앞에 공경하는 마음으로 음식, 꽃과 같은 물품을 바치는 일을 말해요.
* 바리때 : 승려들이 식사할 때 사용하는 밥그릇으로, 발우라고도 해요.

불곡 마애여래좌상
바윗돌을 파고 감실을 만들어 부처를 새겼어. 인자한 미소가 편안함을 느끼게 해.

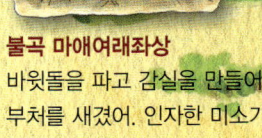

이쪽으로 가면 월성이 나와!

칠불암
동쪽을 바라보는 커다란 바위에 부처와 보살을 새겼고 그 바로 앞 돌기둥 네 면에 불상을 조각했지. 모두 7구의 불상이 있어.

신선암 마애보살반가상
깎아지른 벼랑 위에 새겨진 보살상이란다.

염불사지 동·서 삼층석탑

남산동 동·서 삼층석탑

국사곡 삼층석탑

용장사지 마애여래좌상

천룡사지 삼층석탑

용장사지 석조여래좌상 층층이 쌓아 올린 돌 맨 꼭대기에 불상이 앉아 있어.

용장사지 삼층석탑
남산이라는 자연 지형과 인공으로 쌓아 올린 석탑의 아름다움이 조화로워.

늠비봉 오층석탑

약수계곡 석불좌상

약수계곡 마애입불상
높이가 무려 8미터가 넘는 불상이야.

삼릉계곡 선각육존불
커다란 바위에 정교한 선으로 불상 6구가 새겨져 있어.

삼릉계곡 마애 석가여래좌상

삼릉계곡 석조여래좌상

윤을곡 마애불좌상

배동 삼릉

포석정

창림사지 삼층석탑
우뚝 솟아 있는 삼층석탑에는 부처를 호위하는 팔부신중이 생동감 있게 새겨져 있지.

배동 석조여래삼존입상
어린아이와 같은 표정에서 온화함과 자비로움을 느낄 수 있어.

남산
산의 모습이 마치 한 마리의 거북이가 엎드린 모습을 하고 있어 금오산이라 부르기도 해요. 옛날 신라 사람들은 남산을 오르다 평탄한 땅을 만나면 절이나 탑을 세웠고, 커다란 바위를 만나면 불상을 새겼지요. 그야말로 현실 속 극락정토라고 할 수 있어요. 지금도 경주 남산에 가면 수많은 불상을 만날 수 있어요.

문무왕의 나라 사랑을 담은 감은사

　금성을 벗어나 동해에 다다르면 감은사가 있단다. 이 절은 문무왕 때 짓기 시작해서 신문왕이 완성시켰지. 신문왕은 아버지 문무왕의 은혜에 감사한다는 뜻으로 이 절을 감은사라 불렀단다.

　문무왕은 삼국 통일을 이루고 당나라까지 물리친 왕이야. 긴 전쟁에서 벗어나 평화로운 새 시대를 열었지. 그런데 동해에서 자꾸 왜구가 쳐들어와 노략질을 하는 게 아니겠니? 이를 보고 문무왕은 부처님의 뜻을 받들어 왜구를 물리쳐야겠다고 마음먹고 절을 짓기 시작했지. 그런데 그 뜻을 이루지 못하고 죽음을 맞게 되자 유언을 남겼어. 백성들이 수고스럽게 왕릉을 만들지 말고 화장한 뒤 동해에서 장사를 지내면 용이 되어 금성의 동쪽 바다를 지켜 주겠노라고 말이야.

　감은사에서 멀지 않은 곳에 대왕암이 있는데, 신문왕은 문무왕의 유언대로 화장한 후 그 바위 사이에 유골을 뿌렸단다.

이견대
신문왕이 만파식적을 얻은 곳으로, '바다에 나타난 용을 통해 크게 이로움을 얻었다.'는 의미가 담겨 있어. 신라의 왕들은 이견대를 찾아와 바다를 바라보며 나라의 평안을 빌었지.

용이 된 문무왕을 위한 보금자리, 감은사
감은사는 죽어서도 나라와 백성을 지키기 위해 힘쓰고 있을 아버지 문무왕을 위해 신문왕이 완성한 절이야. 감은사 금당 아래에는 용이 머물 수 있는 빈 공간도 마련해 놓았어.

감은사지 동·서 삼층석탑
삼국을 통일한 신라의 기운이 느껴지는 위풍당당한 탑이란다.

"아직도 일본 왕이 호시탐탐 만파식적을 노릴까 걱정이 되는구나."

"원성왕 이후 만파식적은 내황전에 잘 간직되어 있습니다."

불교식으로 치른 문무왕의 장례

문무왕 이전에는 왕의 시신을 화장한 예가 없었어. 불교를 신봉한 문무왕은 장례 절차도 불교의 오랜 전통을 따랐지. 삼국을 통일한 문무왕은 오랜 전쟁으로 지친 백성들을 생각했던 훌륭한 왕이야. 그래서 화려한 능묘는 재물과 인력을 낭비할 뿐이라고 말했지. 또한 죽어서도 나라와 백성을 지키고자 동해에 잠들어 큰 용이 되길 원했어. 어진 왕의 모습이란 이런 것이 아닐까? 나도 후손에게 그렇게 기억되고 싶구나.

나라를 평안하게 해 주는 보물, 만파식적

문무왕이 죽고 바로 그다음 해 대왕암에선 신비로운 일이 일어났어. 문무왕과 김유신이 보낸 용이 신문왕에게 나타나 대나무를 주며 그 대나무로 피리를 만들어 불면 천하가 평안해질 것이라고 말했어. 그 이야기를 듣고 신문왕은 만파식적이라는 피리를 만들었지. 그리고 정말 신기하게도 만파식적을 불면 적들이 물러가고, 전염병도 치료되었다고 하는구나. 만파식적은 월성의 내황전에 잘 보관하였단다.

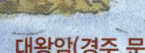

대왕암(경주 문무대왕릉)
문무왕의 유해를 뿌린 곳으로 전해져.

대종천
고려 시대 몽골군이 황룡사 대종을, 조선 시대 임진왜란 때 일본군이 감은사 대종을 배에 실어 빼앗아 가려다 대왕암 근처에 왔을 때 폭풍이 불어닥쳐 물에 빠뜨렸다는 이야기가 전해지고 있어. 그래서 이 강은 큰 종이 빠진 강이라 해서 '대종천'이라 부르고 있지.

감은사지 사리장엄구
부처님의 사리를 보호하기 위해 꾸며 놓은 장치를 사리장엄구라고 해. 감은사지 삼층석탑 안에서 나온 사리장엄구는 동물에 올라타 무기를 들고 있는 사천왕, 악기를 다루고 있는 인물, 춤추고 있는 아이, 승려, 사자 등으로 화려하게 꾸며져 있단다.

건물 자리와 탑만 남은 감은사
감은사는 현재 금당과 강당 그리고 회랑 등의 건물은 사라지고 터만 남아 있어요. 하지만 금당 앞에 있는 동탑과 서탑은 온전하게 남아 삼국 통일을 이룬 신라의 화랑처럼 위풍당당한 모습을 하고 있어요. 마치 동해를 지키듯 굳센 모습으로 말이에요. 각각의 탑은 꼭대기까지 높이가 13.4미터로 경주에 있는 삼층석탑 중 가장 크답니다.

부처님의 나라를 꿈꾼 곳, 불국사

신라 사람들은 자신들이 꿈꾸던 부처님의 나라를 현실로 이루어 냈어. 부처님의 세상을 재현한 거지. 그게 바로 불국사란다.

청운교와 백운교를 올라 자하문을 통과하면 현실 세계를 상징하는 석가모니 부처를 만날 수 있어. 연화교와 칠보교를 올라 안양문을 통과하면 극락전이 있는데, 그곳은 극락세계를 관장하는 아미타불이 있지. 대웅전 뒤에 자리 잡은 비로전에는 세상을 진리와 빛으로 밝게 비추는 비로자나불이 있어. 또 관음전에는 자비의 모습으로 백성을 돌보는 관음보살이 있단다. 이처럼 불국사는 다양한 부처와 보살을 만날 수 있는 부처님의 나라인 셈이지.

게다가 그 크기가 무려 2,000여 칸이나 돼. 전각이 많아 지붕과 지붕으로 이어진 곳으로 비를 맞지 않고도 절을 돌아다닐 수 있을 정도지. 그러니 불국사를 짓는 데만도 25년이 넘게 걸렸어.

그런데 신라 사람들은 왜 이렇게 큰 절을 지었느냐고? 삼국 통일 후 신라 사람들은 전쟁이 사라진 평화로운 시대를 맞이하였는데, 이후로도 그런 시대가 계속되길 원했거든. 신라 사람들은 여러 부처님의 도움으로 더 이상 전쟁이 일어나지 않는 나라에서 살고 싶었던 거야.

비로자나불

비로전
무한한 빛을 내며 어둠을 쫓고, 진리를 상징하는 비로자나불이 모셔진 건물이란다.

아미타불

— 전하, 무슨 생각을 하시옵니까?

— 왕후는 내가 죽으면 비구니가 되어 불국사에서 나의 극락왕생을 기원하겠다고 늘 말한다네. 그 생각을 하니 왠지 서글퍼지오!

신라 사람들이 꿈꾸는 이상 세계, 석굴암

광배
불상의 머리나 몸체 뒤쪽에 있는 원형 모양의 장식물이야. 부처님의 몸에서 나오는 빛을 상징한단다. 특히 석굴암의 광배는 불상과 따로 떨어진 상태지만, 예배자가 석굴암 입구에 섰을 때(39쪽 아래 그림) 마치 불상에 광배가 붙어 있는 것처럼 불상의 머리 뒤로 동그랗게 보이게 계산하여 배치한 것이 참으로 놀랍지.

본존불
부처님이 깨달음을 얻는 순간의 모습이야. 부드럽고 자비로운 얼굴과 생명력 있는 어깨. 사실적으로 흘러내린 옷 주름이 아름답지.

> 전하, 동서고금을 막론하고 둥근 지붕을 쌓기란 힘든 일이옵니다.

> 그런데도 본존불을 안치하고 지붕을 쌓았다는 것은 그만큼 둥근 지붕 쌓기에 자신 있었다는 게 아니오. 실로 대단한 일이구려.

석굴암은 돌을 쪼개어 만든 석굴 사원이란다. 우리나라의 돌은 대부분 화강암인데, 정말 단단해서 쪼개기가 힘들어. 하지만 신라 사람들은 석굴에 부처님을 모시고 싶다는 간절한 마음으로, 결국 수준 높은 건축 기술과 조각 솜씨를 발휘해 석굴암을 탄생시켰지.

석굴암 내부는 네모난 전실과 둥근 주실로 되어 있어. 그리고 본존불을 중심으로 벽면에는 사실적이고 섬세한 38구의 조각상들이 모셔져 있지. 이처럼 돌이라고 믿어지지 않을 만큼 부드럽고 섬세하게 조각된 여러 보살상과 십대제자상, 사천왕상과 금강역사상, 팔부중상은 신비로운 부처님의 세상을 표현하고 있어.

불교의 세계를 예술적으로 표현한 석굴암은 습도와 환기를 조절하는 과학적인 건축술이 더해져 세상에서 손꼽히는 아름다운 부처님의 나라를 이루었단다. 이는 신라 사람들이 생각하는 불교의 이상 세계지.

열 명의 제자들
부처님께 가르침을 받는 열 명의 제자야. 그중 부처님이 가장 아꼈던 제자는 지혜로웠던 사리불과 신통하기로 소문난 목건련이란다.

십일면관음보살
관음보살의 머리 위에 11개의 얼굴이 표현되어 있어. 본존불 뒤에 숨겨 둠으로써 부처님 안의 자비를 보여 주려 한 것이란다.

십일면관음보살상

열 명의 제자들

보살 / 주실

범천과 제석천
부처님을 수호하는 신이야.

천부

문수보살과 보현보살
부처님을 도와 중생을 구제하는 역할을 해. 문수보살은 지혜를, 보현보살은 실천을 상징하지.

사천왕
부처님의 나라에서 동서남북 사방을 지키는 신이야.

사천왕

사천왕상

금강역사
부처님의 나라를 지키는 문지기야. 금방이라도 바위에서 솟아오른 듯 생동감 넘치는 모습을 하고 있어.

세 조각이 난 덮개돌
석굴암이 완성되기 직전에 천장의 돌 덮개를 만들던 중 돌이 세 조각으로 깨져 버린 사건이 일어났어. 그 후 김대성이 깜빡 잠이 들었는데, 꿈속에서 천신이 내려와서 덮개를 다 완성시켜 주고 돌아갔다고 해. 그래서 김대성은 그대로 석굴암을 완성시켰지. 하루빨리 석굴암의 모습을 보고 싶어 했던 신라 사람들의 소망이 김대성의 꿈으로 나타난 것은 아닐까?

전실

팔부중
원래는 인도의 신이었으나, 부처님에게 귀화하여 불법을 지키는 여덟 신이 되었어.

금강역사상

김대성과 석굴암
신라 경덕왕 때 김대성이 만든 석굴 사원이야. 화강암을 둥글게 쌓아 올리고 그 위에 흙을 덮어 만들었어. 그리고 굴 한가운데에 불상을 두었단다.

과학이 만든 놀라운 자정 능력
석굴암이 있는 토함산은 습기가 많은 산이야. 동해가 가까워 자주 안개에 휩싸이기 때문이지. 그런데 석굴암에 습기가 차면, 조각상이 부식되기 쉬워. 하지만 신라 사람들의 과학 기술은 생각보다 수준이 높았단다. 자연으로 생긴 문제는 자연으로 해결하는 법! 바로 석굴암 아래로 물길을 내고 산속의 차가운 물을 흘려 보냈지. 결과는 성공적이었어. 습기는 차가워진 바닥으로 가라앉아 위쪽에 있는 조각상에 영향을 미치지 않았거든. 이처럼 자연의 원리를 이용해 내부 습도를 조절하도록 설계된 것을 보면 참 과학적이지.

옆에서 본 석굴암 단면
석굴암의 구조는 아주 과학적으로 계산해서 지어졌단다. 160센티미터 정도의 어른의 눈높이를 감안해서 불상의 얼굴과 뒤의 광배가 잘 보이도록 했지.

금성에 울려 퍼지는 **부처님의 음성**

하루해가 질 무렵, 붉은 노을이 하늘에 퍼졌다가 서서히 사라지듯 은은하게 들려왔다 사그라드는 범종 소리가 금성에 가득하구나. 나는 금성 안에 있는 봉덕사에서 들리는 성덕대왕신종의 소리가 참으로 좋단다.

부처님이 진리를 설법한 후 부처님의 가르침이 하늘과 땅 사이 모든 것에 진동하였단다. 그러나 아무리 듣고자 하여도 사람들은 그 소리를 들을 수가 없었어. 부처님은 이를 안타깝게 여겨 종을 달아 주었지. 그러자 부처님의 진리가 종소리에 담겼단다. 사람들은 범종의 소리를 부처님의 음성으로 여기고 종소리를 통해 마음의 번뇌와 어리석음을 씻고 깨달음을 얻는다고 생각했어.

경덕왕은 아버지 성덕왕의 공덕을 기리고 부처님의 음성으로 나라 안팎이 편안해지길 바라는 마음으로 성덕대왕신종을 만들기 시작했단다. 하지만 경덕왕은 그 뜻을 이루지 못하고 혜공왕 때 종이 완성되었지.

이차돈 순교비
818년 헌덕왕이 이차돈을 추모하며 세운 6면 비석이란다. 비석에는 법흥왕 때 순교한 이차돈의 일화가 전해지고 있지.

이차돈 이야기
신라 최초의 불교 순교자로, 새로운 시대를 위해 불교를 받아들여야 한다고 생각한 이차돈은 자신의 목을 내놓으며 순교했어. 그때 이차돈의 베인 목에서 하얀 피가 솟구치며 하늘에서는 꽃비가 내리고 땅이 흔들렸다는구나.

봉덕사
성덕왕이 무열왕을 위해 짓기 시작한 뒤 아들인 효성왕이 아버지 성덕왕의 명복을 기리기 위해 공사를 계속해 738년에 완공한 절이란다.

신라 문화 전반에 영향을 준 불교
불교를 받아들이면서 신라의 문화는 빠른 속도로 발달하였단다. 건축, 조각, 공예 등 다양한 분야에서 화려한 문화를 꽃피웠지. 우리가 지금까지 봤던 금성의 모습에서 불교를 빠뜨리고 이야기할 수 없는 이유도 그 때문이란다. 그런데 불교를 완전히 받아들이기까지는 사실 많은 어려움이 있었어. 귀족들의 반발도 거셌고, 전통 신앙도 매우 강했거든. 그러나 불교를 받아들이기 시작한 뒤에는 문화 전반에 많은 변화가 생겼어. 왕실은 왕궁 주변에 절과 탑을 세우고 불상을 만들어 마음을 모아 빌었단다. 이 나라와 왕실을 지켜 달라고 말이야.

성덕대왕신종 높이 375센티미터, 지름 227센티미터, 무게 18.9톤이나 되는 거대한 종이야.

음관
피리를 닮은 음통이란다. 만파식적처럼 종소리가 평화를 불러오기를 기원하는 마음이 담겨 있지.

용뉴
종의 고리야. 용 한 마리가 종을 움켜쥐고 있는 모습이 조각되어 있지.

비천상
병향로를 공양하는 비천상의 모습이야. 옷과 장신구를 휘날리며 내려오는 모습이 신비롭지.

명문
종을 만든 사연과 과정, 장인들을 자세히 기록해 놓았어.

당좌
종을 치는 자리야. 연꽃무늬 당좌가 양쪽에 새겨져 있어.

성덕대왕신종에 새겨진 명문 중에서

신종이 만들어지니
그 모습은 산처럼
웅장하고 그 소리는
용의 울음과도 같다.
위로는 지상의 끝까지
다하고 밑으로는
땅속까지 스며들어,
보는 자는 신기함을
느낄 것이요,
소리를 듣는 자는
복을 받으리라.

세상에서 가장 아름다운 종소리
성덕대왕신종의 긴 여운은 세상에서 가장 아름다운 종소리라고 할 수 있어. 잡음이 없는 맑고 깨끗한 소리에, 작아졌다 커지는 맥놀이 현상이 일어나면서 은은하고 길게 되풀이되는 여운은 마치 종소리가 살아서 울려 퍼지는 듯한 느낌을 준단다.

> 음, 성덕대왕신종의 종소리는 언제 들어도 좋구나.

> 전하, 이제 왕궁으로 드실 시간이옵니다.

소리를 넓게 퍼지게 하는 명동
성덕대왕신종이 달린 바닥은 움푹 파여 있어. 이것을 명동이라고 하는데, 소리를 더 크게 울리게 하는 장치란다.

신라의 번영과 멸망을 지켜본 **포석정**

포석정은 어떤 곳일까?
포석정은 포석사에 있던 정자야. 포석사는 왕실의 혼례 같은 중요한 행사를 열거나 남산신에게 제사를 지내던 사당 또는 신궁이지. 즉, 국가의 안녕을 기원하고 귀족들의 혼례를 거행한 성스럽고도 경건한 장소야. 나는 나라의 안녕과 번영을 위해 신하들과 포석정에서 유상곡수를 하며 연회를 즐겼단다. 이것은 중요한 국가의 공식 행사였지.

포석정에 담긴 뜻
포석정은 돌로 만든 구불구불한 물길이 전복 껍데기 모양과 비슷해. 그래서 전복을 뜻하는 한자인 포(鮑) 자를 써서 포석정이라고 지었다는구나.

포석정
평균 높이 22센티미터 정도의 63개 돌로 만든 매우 안정적인 수로 건축물이란다.

이번에 찾은 곳은 포석정이야. 나는 신하들과 이곳을 자주 찾는단다. 이곳에 와서 남산신께 제사도 지내고, 나랏일에 대해 신하들과 함께 의논을 하기도 했지. 유상곡수를 하며 말이야. 나랏일이야 월성에서 하면 되는데, 왜 굳이 이곳을 찾느냐고?

포석정은 남산 자락에 있어. 그래서 남산으로부터 신령한 기운을 받고 싶을 때면 이곳을 찾곤 하지. 김유신이 중대한 결정을 남산에서 했던 것처럼 말이야. 또 포석정이 나에게 특별한 것은 이곳에서 신을 보았기 때문이야.

얼마 전 나는 포석정에 행차하여 신하들과 함께 술잔을 나누며 흥에 겨워 춤을 추었는데, 글쎄 남산의 신이 내 앞에 나타나서 춤을 추는 게 아니겠니? 주변의 신하들은 아무도 보지 못하는데 내 눈에만 보이더구나.

나는 그 춤을 따라 추며 신하들에게 그 모습을 보여 주었고, 그 신의 이름인 상심을 따서 춤의 이름을 어무상심, 어무산신이라고 지었단다.

신라 멸망의 현장, 포석정

헌강왕이 이 세상을 떠나고 한참 뒤인 927년 겨울, 후백제를 세웠다는 견훤이 이 포석정을 습격했어요. 그때 이곳에서는 경애왕이 왕실 가족들을 거느리고 제사를 지내고 있었지요. 혼란에 빠진 나라를 구하고, 안정과 번영을 기원하는 기도를 올리던 경애왕은 견훤에게 죽임을 당하고 말았어요. 그 뒤 왕위에 오른 경순왕은 이웃한 후백제와 고려의 눈치만 살피다 결국 935년 고려 왕건에게 나라를 넘겨주고 말았어요. 그 후 포석정은 신라 멸망의 상징이 되었답니다.

포석정의 놀라운 과학성

물이 흐르다가 진행 방향을 가로막는 장애물과 만나면 소용돌이 현상이 일어나는데, 보통 물길을 만들 때는 이런 소용돌이 현상이 일어나지 않도록 설계해야 해. 소용돌이 현상이 일어나면 물이 돌아 흘러가는 부분에서 충돌이 일어나 힘이 분산되어 효율적이지 않거든. 하지만 포석정은 일부러 이런 소용돌이 현상이 일어나도록 설계한단다. 왜 그렇게 했냐고? 잔을 띄웠을 때 소용돌이 현상이 생기는 곳에서는 잔이 회전을 하거나 머무르거나 갇히는 현상이 나타난다는 점을 활용한 것이지. 그래야 잔이 어느 곳에 멈추게 될지 예상할 수 없거든. 잔이 같은 곳에서만 멈추면 안 되니까 말이야.

잔을 띄우고 시를 짓는 유상곡수

포석정 물가에 여러 사람이 앉아서 흐르는 물에 잔을 띄우고 잔이 닿는 곳의 사람에게 시를 짓게 하는 것을 유상곡수라고 한단다. 유상은 흐르는 술잔, 곡수는 구불구불한 물길을 뜻하지. 중국 진나라 왕희지가 쓴 〈난정기〉라는 글에 3월 삼짇날에 흐르는 물에 몸을 담궈 나쁜 기운을 씻어 내는 의식을 치르면서 유상곡수 놀이를 했다는 기록이 있는데, 나도 신하들과 함께 이곳에서 제를 올리기 전 사악한 기운을 씻어 내는 의미로 유상곡수를 하였지.

금성을 몹시도 사랑한 신라 사람들

신라 사람들은 금성을 무척 아끼고 자랑스럽게 여겼어요. 그런 사람들의 마음은 금성 곳곳에서도 드러나지요. 주택과 도로는 바둑판과 같이 잘 정비하였고, 대릉과 같은 조상의 무덤들도 왕성 안에 조성하였으며, 곳곳에 셀 수 없을 만큼 많은 탑과 절을 세웠거든요. 뿐만 아니라 나라 안 모든 소식과 물건은 금성으로 모였고, 나랏일과 관련된 결정은 모두 금성에서 이루어졌어요. 신라 사람들에게 금성은 가장 특별한 곳이 되었지요.

삼국을 통일한 후 신문왕은 한반도 전체를 두고 보았을 때 금성의 위치가 구석에 있다고 생각했어요. 또한 산맥에 가로막혀 새로운 나라를 이끌어 가기에는 위치가 바람직하지 않다고 여겼지요. 그래서 도읍지를 옮기려 했어요. 하지만 금성 사람들의 강력한 반대로 신문왕은 뜻을 이루지 못했지요. 또한 금성 사람들은 자신의 권력과 부를 다른 지방 사람들에게 나누어 주지 않으려고 했어요. 이런 금성 사람들의 태도를 다른 지방의 사람들과 백성들은 몹시 못마땅해했지요. 헌강왕은 그런 금성 사람들의 욕심을 무척 걱정했답니다.

전하, 당나라에서 최치원이 지금 막 월성에 도착했다 하옵니다.

숭례전으로 들라 하오. 나도 이제 월성으로 가야겠구려!

헌강왕 때의 역사

헌강왕 때 활약한 인물, 최치원
857년에 태어난 최치원은 열두 살이 되던 해 당나라로 유학을 갔어요. 그리고 당나라에서 어린 나이에 과거에 합격하고 관리가 되었지요. 뛰어난 문장으로 이름을 날리고 있었던 최치원은 황소의 난으로 곤경에 빠진 당나라를 위해 큰 공을 세웠어요. 그래서 당나라 사람들은 황소를 격퇴한 것은 칼이 아니라 최치원의 글이라 말할 정도로 최치원을 존경했어요. 그 뒤 최치원은 자신의 고국인 신라를 위해 힘써야겠다는 다짐을 하고 신라로 돌아왔어요. 하지만 6두품이라는 신분의 한계로 큰 뜻을 펼칠 수 없자 벼슬을 내려놓고 해인사에 은둔하며 공부를 하다 생을 마감했지요.

헌강왕 때 활약한 인물, 처용
879년에 헌강왕이 동쪽의 여러 지역을 행차했어요. 개운포라는 어구에 이르자 날씨가 흐려져 길을 헤매게 되었는데, 그때 처용이 괴상한 옷을 입고 나타났어요. 처용은 헌강왕 앞에서 노래하고 춤을 추었는데, 왕이 그 모습을 신기하게 여겨 금성으로 데려왔지요. 그리고 처용에게 벼슬을 주고 결혼도 시켜 주었어요. 하지만 처용의 아내가 역신*과 바람을 피웠고, 그 사실을 안 처용은 화를 내지 않고, 슬픈 마음을 춤으로 달래었지요. 처용의 용서에 마음을 뉘우친 역신은 다시는 민가에 나타나지 않았지요.

* 역신: 사람들에게 역병을 옮기는 귀신.

태평성대를 누리다
고려 시대에 쓰인 역사책 《삼국사기》는 헌강왕 때를 태평성대로 기록하고 있어요. 헌강왕은 왕위에 오르자 사형수 이하의 죄수들을 사면해 주고, 승려들에게 음식을 대접하며 황룡사에서 백고좌를 열었어요. 또한 불경을 강론하고 국학을 찾아 직접 학문을 독려하였어요. 이는 민심을 안정시키고자 했던 헌강왕의 노력이었지요. 그 덕분에 헌강왕의 치세 기간 동안 천재지변이나 흉년은 발생하지 않았고, 백성들은 비교적 편안하고 풍요로운 삶을 살았지요.

골품 제도로 백성들의 불만이 높아지다
신라의 신분은 성골과 진골을 뜻하는 골과 6~1두품으로 나뉘어요. 성골은 왕으로 계승되고, 높은 관료는 진골이 모두 차지하고 있었어요. 그래서 아무리 훌륭하고 똑똑한 사람이라도 태어날 때부터 성골과 진골이 아니면 나라를 이끌어 갈 수 없었지요. 주로 유학을 공부한 사람들과 당나라에 가서 공부하여 과거에 합격한 사람들은 6두품 출신이었는데, 이들 역시도 높은 관직으로 나아갈 수 없었어요. 이처럼 골품 제도의 틀에 갇혀 있던 신라는 훌륭한 인재들을 등용하지 못했고 나라 안에서는 불만의 소리가 높아졌지요.

주변 나라와 원만한 관계를 유지하다
헌강왕 때에 신라는 비교적 이웃 나라들과 원만한 관계를 유지하였는데, 882년 4월 일본에서 온 사신은 헌강왕에게 황금 300냥과 야명주*를 바치기도 했어요. 이는 일본과의 관계가 좋았다는 것을 뜻해요. 그러나 당시 중국 당나라에서는 황소의 난이 일어나고, 민심이 어지러워지며 몰락의 길로 들어섰어요. 황소의 난이 평정되자 헌강왕은 사신을 파견하여 축하 전문을 보내기도 했지요.

* 야명주: 고대로부터 황제에게 바치는 신비의 보석으로, 야광석으로 짐작되고 있어요.

천 년의 역사를 이어 온 신라

신라는 지금으로부터 2,000여 년 전인 기원전 57년에 세워진 나라예요. 그 후 크고 작은 주변 나라들과 합치며 힘을 키웠어요. 신라는 백제와 고구려에 비하면 발전이 늦었지만 불교를 받아들인 후 빠르게 발전하였어요. 특히 진흥왕은 화랑과 같은 인재를 길러 가야를 병합하고 한강 유역까지 차지하며 신라의 전성기를 이루었지요.

태종 무열왕과 김유신 그리고 문무왕은 강력해진 국력을 바탕으로 676년 삼국을 통일했어요. 전쟁이 사라지면서 신라는 200여 년 동안 평화와 안정을 누렸지요. 그러나 신라 귀족들의 지나친 자신감으로 신라는 점점 혼란에 빠졌고, 결국 신라는 935년 고려를 세운 왕건에게 나라를 바치면서 역사 속으로 사라졌어요.

기원전 57년 신라 건국
박혁거세가 6부 촌장의 추대로 13살에 신라를 세웠어요.

65년 국호를 계림으로!
김알지가 태어난 계림을 국호로 삼았어요.

433년 백제와 동맹
신라 제19대 눌지왕이 고구려의 남침을 막기 위해 백제와 동맹을 맺었어요.

503년 국호를 신라로!
신라 제22대 지증왕이 나날이 새로워지고 사방을 망라한다는 뜻으로 국호를 신라로 하였어요.

527년 이차돈 순교
신라 제23대 법흥왕 때 이차돈의 순교를 계기로 불교를 공인하게 되었어요.

532년 금관가야 통합
법흥왕은 금관가야를 통합하고 예로써 대우하여 금관가야의 왕족에게 벼슬을 주었어요.

555년 북한산 순수비 건립
신라 제24대 진흥왕은 영토를 확장하고 북한산에 순수비를 세웠어요.

562년 대가야 통합
진흥왕은 가야의 반란을 평정한 사다함에게 상을 주었어요.

569년 황룡사 완공
553년에 왕궁을 지으려다 황룡이 발견되자 황룡사를 짓기 시작하였는데 569년에 공사가 완료되었어요.

576년 화랑 제도 설립
진흥왕은 아름다운 청년들을 뽑아 화랑으로 삼았어요. 그들은 수련을 통해 나라의 인재로 컸어요.

634년 분황사 완공
신라 제27대 선덕 여왕이 나라의 안녕과 태평성대를 위해 절을 만들었어요.

645년 황룡사 9층 목탑 완공
신라 주변의 9개 나라로부터 신라를 지키고자 하는 뜻을 담아 9층 목탑을 완성했어요.

632~647년 (추정) 첨성대 완공
선덕 여왕 때 위로는 하늘을 숭상하고 아래로는 백성의 농경 생활을 돕기 위해 첨성대를 세웠어요.

674년 동궁과 월지 완공
신라 제30대 문무왕은 고구려, 백제를 무너트리고 전승을 기념하기 위하여 월성 동쪽에 태자의 궁궐을 지었어요.

676년 삼국 통일
삼국을 통합하고 당나라의 세력을 물리치며 자주적인 통일을 이루었어요.

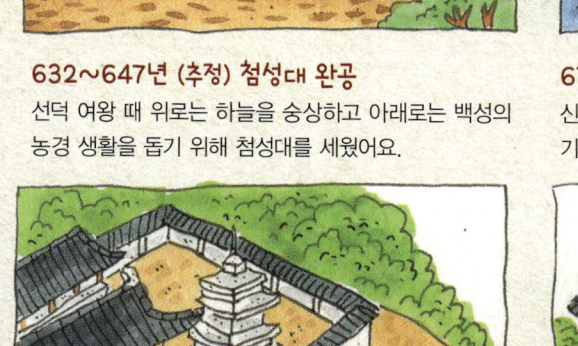
682년 감은사 완공
신라 제31대 신문왕이 아버지 문무왕의 은혜에 감사하고 외세의 침략을 막기 위해 금성 동쪽 바다 부근에 절을 세웠어요.

771년 성덕대왕신종 완성
신라 제35대 경덕왕이 아버지 성덕왕의 위업을 기리기 위해 봉덕사에 종을 만들라고 명하였으나 거듭된 실패로 혜공왕에 이르러서야 완성되었어요.

774년 불국사 완공
경덕왕 때 신라의 재상 김대성이 현생의 부모님을 섬긴다는 뜻으로 사찰을 만들었어요.

828년 청해진 설치
신라 제42대 흥덕왕은 당나라에서 이름을 떨친 장보고를 청해진의 대사로 삼았어요.

834년 흥덕왕 사치 금지령
흥덕왕은 일부 백성들과 귀족들의 사치스러움이 심해지자 사치 금지령을 내렸어요.

935년 신라 멸망
신라 제56대 경순왕은 신라 땅을 후백제와 고려에게 빼앗겨 세력이 약해지자 고려 왕건에게 나라를 넘겨주었어요.

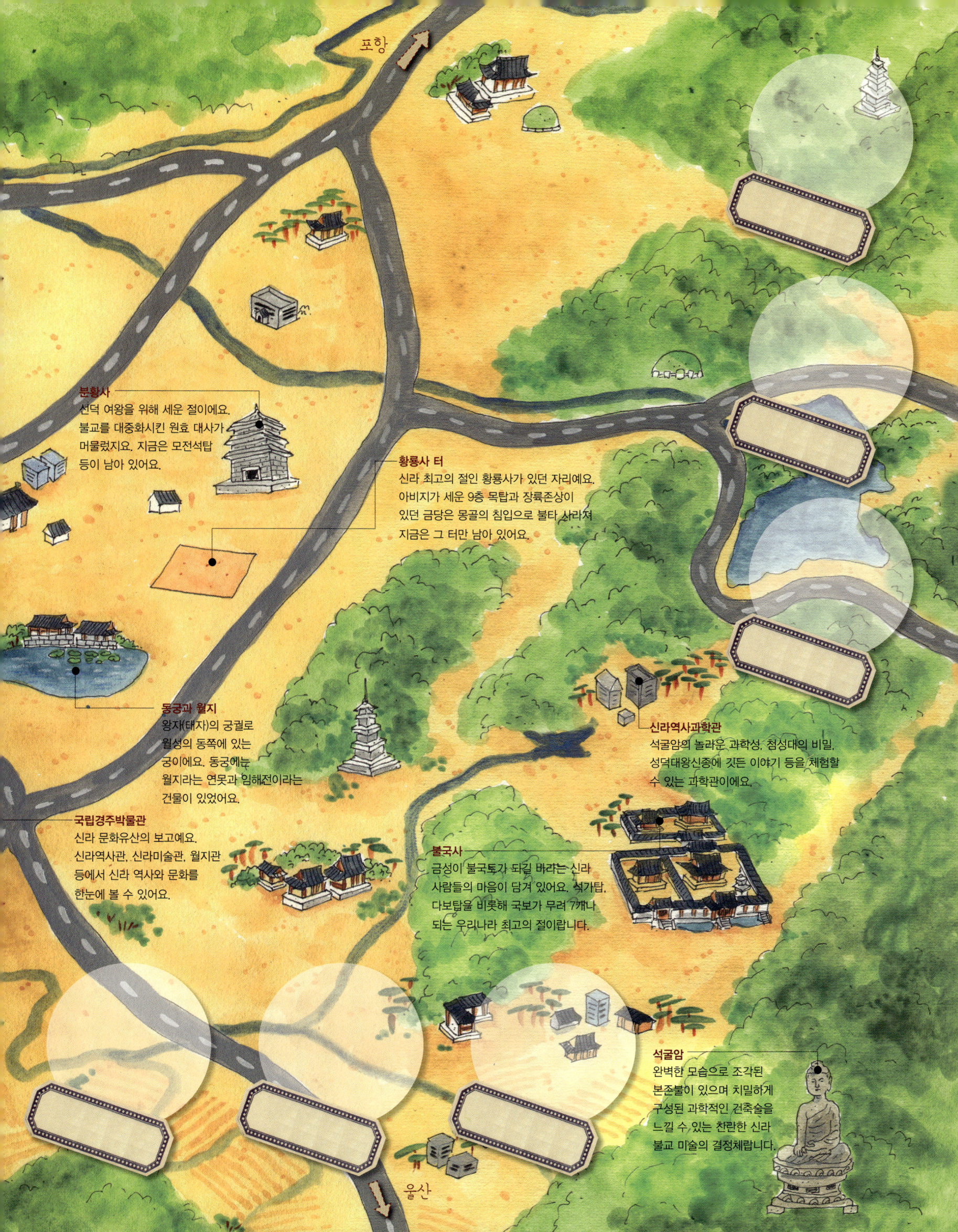

신라의 궁궐, **월성**

하늘에서 보면 반달 모양을 하고 있어 반월성이라고 해요. 지금은 터만 남아 있지만, 곳곳에서 신라 왕궁의 흔적을 발굴 중이랍니다.

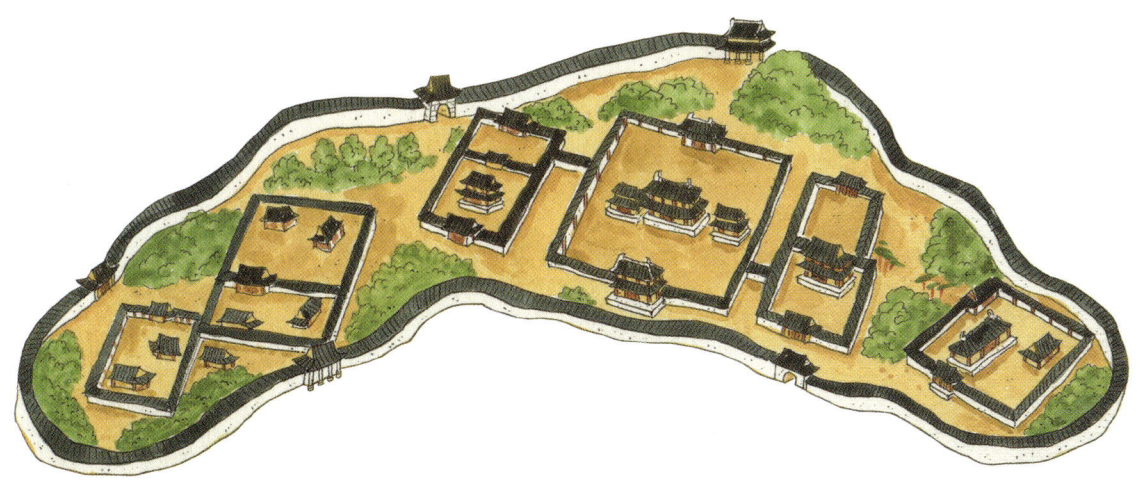

활동 ❸ 월성 주변에 위치한 다음 유적은 무엇일까요?

월성과 남산을 잇는 중요한 다리예요.
⇨ 본책 12쪽

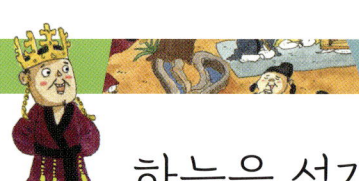

하늘을 섬기는 마음, 첨성대

하늘을 관찰하는 천문대로 알려진 첨성대는 과학적인 설계로 지진에도 끄떡없이 1,400여 년 동안 그 모습을 잘 유지하고 있어요..

활동 ❷ 첨성대는 누가, 왜 만들었는지 말해 봅시다.

첨성대는 언제 만들었을까?
⇨ 본책 16~17쪽

신라의 왕들이 잠든 곳, 대릉원

경주에는 사람이 사는 집과 거리가 봉긋 솟아난 무덤들과 조화를 이루고 있어요. 그 대표적인 곳이 대릉원이에요.

활동 ❶ 대릉원에 있는 대표적인 신라 왕릉을 찾아 보고, 천마총에서 출토된 유물과 신라 무덤의 모습을 알아봅시다.

신라 무덤의 구조는 어떨까?

㉠ 천마총과 같은 무덤을 ☐☐☐☐☐☐ 이라고 한다.

㉡ ☐☐☐

㉢ ☐☐☐☐

㉣ ☐☐☐☐

어떤 무덤일까요? ⇨ 본책 14쪽

우리가 여행할 경주는?

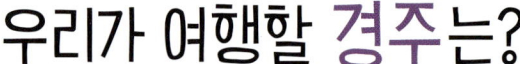
경주는 어떤 도시일까요? 본책 8~11쪽을 참고해 봅시다.

대릉원	2
첨성대	3
월성	4
동궁과 월지	5
황룡사지	6
분황사	7
태종 무열왕릉	8
김유신 묘	9
대왕암과 감은사	10
석굴암	11
불국사	12
원성왕릉	13
포석정	14
국립경주박물관	15
한눈에 정리하는 경주의 문화유산	16

체험학습 보고서

사진 출처

2쪽 천마총 금관 _ e뮤지엄 **5쪽** 주령구 _ 국립경주박물관 **6쪽** 치미 _ 국립경주박물관 **7쪽** 분황사 _ 김원미 **8쪽** 태종 무열왕릉, 태종 무열왕릉비 _ 문화재청
9쪽 김유신 묘 _ 문화재청 **10쪽** 대왕암 _ 김원미 / 감은사지 동·서 삼층석탑 _ 김원미 **12쪽** 청운교와 백운교 _ 문화재청
13쪽 괘릉 전경 _ 한국관광공사 / 원성왕릉 무인상 _ 경주시청 **14쪽** 포석정 _ 경주시청 **16쪽** 국립경주박물관 전경 _ 국립경주박물관

_____ 의 **경주** 여행

여행한 날은?

| 첫째 날 | 둘째 날 | 셋째 날 |

경주에서 꼭 가 보고 싶은 곳은? _____

경주의 숙소는? _____

신라 천 년의 도읍지
구석구석 경주 역사 여행

워크북

김원미·유재상 글 한용욱 그림

아름다운 정원, **동궁과 월지**

백제와 고구려를 무너뜨린 문무왕이 전승을 기념하기 위해 만든 동궁과 월지예요. 사신을 맞이하거나 신하들과 연회를 베풀었던 곳이랍니다.

활동 ④ 다음 유물의 이름과 쓰임을 말해 봅시다.

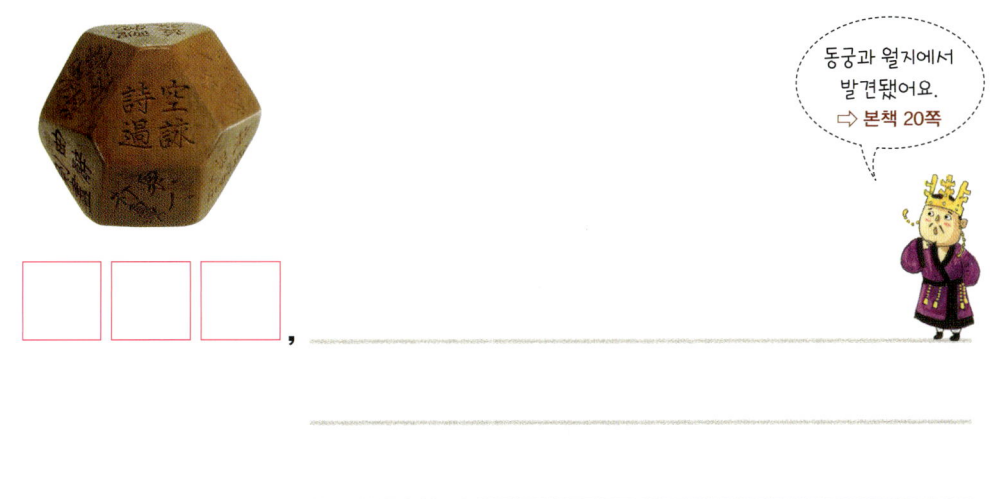

동궁과 월지에서 발견됐어요.
➡ 본책 20쪽

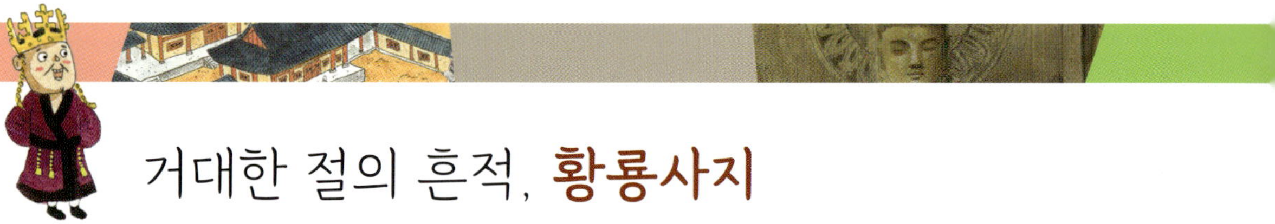

거대한 절의 흔적, **황룡사지**

황룡사는 진흥왕이 짓기 시작했고, 선덕 여왕이 황룡사 9층 목탑을 완성하기까지 무려 90여 년에 걸쳐 건축한 절이에요.

활동 ⑤ 황룡사에서 발굴한 기와인 치미로 황룡사의 크기를 짐작해 봅시다.

치미는 과연 몇 센티미터일까?
⇨ 본책 19쪽

☐ 센티미터

☐ 미터

선덕 여왕을 위한 절, **분황사**

황룡사 바로 옆에 위치한 분황사는 '향기로운 황제를 위한 절'이라는 뜻을 지니고 있어요. 바로 선덕 여왕을 위한 왕실 사찰이랍니다.

활동 ❻ 분황사에는 현존하는 가장 오래된 탑인 모전석탑이 있어요. 이름에 담긴 뜻을 알아봅시다.

'전'은 벽돌, '석'은 돌을 의미해요.
➡ 본책 19쪽

☐☐ 을 모방해서 ☐ 로 만든 탑

김춘추의 왕릉, 태종 무열왕릉

김춘추는 김유신과 손을 잡고 삼국 통합을 시작했어요. 그러나 얼마 되지 않아 백제를 무너뜨린 후 세상을 떠났지요.

태종 무열왕릉

활동 ❶ 힘차게 나아갈 것 같은 거북이 모양의 받침돌 조각을 살펴본 느낌을 말해 봅시다.

태종 무열왕릉비

태종 무열왕릉비 받침돌도 자세히 관찰해 보아요.

신라 최고의 화랑의 무덤, 김유신 묘

김유신은 신라에서 가장 높은 벼슬인 '대각간'을 지냈고, 죽어서는 '흥무대왕'으로 높여지기도 하였어요. 그만큼 그의 무덤도 화려해요.

김유신 묘

김유신은 어떤 인물인지 알아봅시다.
⇨ 본책 25쪽

활동 ❽ 무덤의 생김새는 비슷한데 '천마총', '태종 무열왕릉', '김유신 묘', '노서동 고분' 등 서로 명칭이 다르지요? 무덤 이름의 뜻을 맞게 연결해 봅시다.

① 릉 •　　　　　　• ㉠ 주인은 알 수 없지만 특징이 있는 옛 무덤

② 총 •　　　　　　• ㉡ 왕족, 귀족, 일반인의 무덤

③ 묘 •　　　　　　• ㉢ 왕과 왕비의 무덤

④ 고분 •　　　　　• ㉣ 주인을 알지 못하고 특징도 없는 옛 무덤

용이 된 문무왕, 대왕암과 감은사

대왕암은 삼국 통일을 이룬 문무왕의 장례를 치른 곳이고, 감은사는 문무왕의 은혜에 대한 감사를 담아 신문왕이 완공한 절이에요.

대왕암(경주 문무대왕릉)

> 문무왕은 어떤 인물인지 알아봅시다.
> ➡ 본책 15쪽, 34쪽

활동 ❾ 감은사지에 위치한 석탑의 층수를 알아봅시다.

> 탑의 층수는 지붕 모양 돌의 개수로 세어요.

감은사지 동·서 ☐☐ 석탑

아름다운 돌부처, **석굴암**

1995년 세계 문화유산에 등재된 석굴암은 불국사와 더불어 남북국 시대 신라의 수준 높은 예술과 과학을 자랑하는 문화유산이에요.

석굴암이 위대한 문화유산인 까닭은?
➡ 본책 38~39쪽

활동 ⑩ 석굴암을 높이 평가하는 이유를 알아봅시다.

| 단단한 ☐☐☐ 으로 만든 본존불, 부드럽고 섬세하며 사실적인 조각 | 둥근 지붕, ☐☐ 능력, 착시 현상까지 고려한 건축 | 하늘과 땅, 부처와 보살, 열 명의 ☐☐ 를 표현한 불교 |

부처님의 나라, 불국사

불국사는 석굴암과 더불어 1995년 우리나라에서 처음으로 세계 문화유산으로 지정되었어요. 신라의 수준 높은 문화를 세계적으로 인정받은 뜻깊은 일이었어요.

청운교와 백운교

> 책에서 국보 7개를 확인할 수 있어요.
> ▷ 본책 36~37쪽

활동 ⑪ 불국사는 통일 신라와 관련된 문화유산이 국보로 지정되어 있는데, 무려 7개나 된답니다. 빈칸을 채워 보세요.

1	청운교와 백운교	2	연화교와 칠보교	3	( ) 탑
4	( ) 탑	5	금동 비로자나불 좌상	6	금동 아미타불 좌상
7	( )				

국제도시로 성장한 경주, 원성왕릉

원성왕릉에 가면 낯선 모습을 한 이방인을 만날 수 있어요. 바로 신라에 살았던 서역인들이에요.

괘릉(원성왕릉) 전경

신라에 살던 처용의 모습은 어떠했나요?
➪ 본책 28~29쪽

활동 ⑫ 원성왕릉의 무인상의 모습을 관찰해 보고, 특징을 정리해 보세요.

1	곱슬머리에 커다란 눈과 매부리코인 얼굴
2	두건을 쓰고, 단단한 근육을 지닌 강인한 모습
➔	당시 경주는 외국과 교류가 활발했던 ☐ ☐ 도시

남산 자락에 위치한 **포석정**

봉우리마다 계곡마다 부처님을 만날 수 있는 남산 그리고 그 남산 자락에 위치한 포석정은 신라의 번영과 멸망의 역사가 깃든 곳이에요.

포석정

포석정에 대해 더 알고 싶다면?
➪ 본책 42~43쪽

활동 ⑬ 포석정에 관한 O, X 퀴즈를 풀어 봅시다.

포석정의 수로는 소용돌이 현상을 이용한 수준 높은 신라 과학의 문화유산이다.	
신라의 왕과 신하는 제사를 지내기 전에 포석정에서 유상곡수의 의식을 치렀다.	
신라 헌강왕은 남산신의 춤을 따라 추고, 춤의 이름을 '어무상심'이라고 지었다.	
포석정에서 신하들과 흥청망청 놀던 신라 경애왕은 견훤에게 죽임을 당하였다.	

신라 문화유산의 보고, 국립경주박물관

신라 천 년의 유물들이 한자리에 모여 있는 곳이 바로 국립경주박물관이에요. 이곳에는 신라의 역사를 한눈에 알 수 있는 신라역사관, 신라의 조각과 공예를 볼 수 있는 신라미술관, 동궁과 월지에서 발굴된 유물을 전시한 월지관 등이 있답니다.

활동 14 책에 나온 10개의 유물을 국립경주박물관에서 찾아 봅시다.

1	천마총 금관(⇨본책 14쪽) ☐	6	감은사지 사리장엄구(⇨본책 35쪽) ☐
2	황룡사 치미(⇨본책 19쪽) ☐	7	이차돈 순교비(⇨본책 40쪽) ☐
3	목제 주령구(⇨본책 20쪽) ☐	8	성덕대왕신종(⇨본책 41쪽) ☐
4	금동초심지가위(⇨본책 27쪽) ☐	9	얼굴무늬 수막새(⇨본책 25쪽) ☐
5	임신서기석(⇨본책 31쪽) ☐	10	조로2년명 보상화무늬 전돌(⇨본책 21쪽) ☐

정답

활동1: ㉠돌무지덧널무덤 / ㉡천마총 / ㉢천마총 금관 / ㉣황남대총 **활동2:** 신라 선덕 여왕 때 세운 천문대로, 하늘의 움직임을 관찰하여 백성들의 농사에 도움이 되기 위해 만들었어요. **활동3:** 월정교 **활동4:** 주령구 / 풍류를 즐기는 데 사용되었어요.
활동5: 182cm / 약 80m **활동6:** 벽돌 / 돌 **활동8:** ①-㉢ / ②-㉠ / ③-㉡ / ④-㉣ **활동9:** 삼층 **활동10:** 화강암 / 자정 / 제자
활동11: 다보 / 석가 / 무구정광대다라니경 **활동12:** 국제 **활동13:** o / o / o / x

한눈에 정리하는 경주의 문화유산

활동 15 제시된 사진과 그림을 보고 아래 빈칸에 경주 유적의 이름을 써 봅시다.

정답 **활동15**: 월성 / 김유신 묘 / 황룡사 / 불국사(청운교와 백운교) / 대릉원 / 감은사 / 첨성대 / 태종 무열왕릉 / 동궁과 월지 / 분황사(모전석탑) / 석굴암 / 포석정 / 국립경주박물관 / 대왕암 / 원성왕릉

체험학습 보고서

학년   반   번   이름

체험 날짜   체험 장소

체험 주제

체험 내용 이곳에 체험 사진을 넣고, 체험한 내용을 적어 보아요.

| 사진을 붙여 보세요 | 사진을 붙여 보세요 |

체험 후 느낀 점 내가 체험했던 것들을 토대로 느낀 점을 적어 보아요.

한장한장 우리 역사

우리 역사와 문화재의 속살을 펼쳐 보는
초등 필독 역사그림책

이순신과 함께 펼쳐 보는
임진왜란 3대 대첩
이광희 글 I 강은경 그림

이순신 장군이 가장 치열한 싸움을 벌였던 명량 해전, 한산 해전, 노량 해전을 집중적으로 들여다보아요.

정조와 함께 펼쳐 보는
화성 행차
황은주 글 I 강윤정 그림 I 김준혁 감수

정조의 효심과 아름다운 꿈, 기록의 힘까지 엿볼 수 있는 화성 행차의 생생한 현장으로 떠나요.

왕과 함께 펼쳐 보는
조선의 다섯 궁궐
황은주 글 I 양은정 그림 I 허균 감수

조선 왕실의 역사가 깃들어 있는 조선의 다섯 궁궐 경복궁, 창덕궁, 창경궁, 경희궁, 덕수궁을 차례차례 만나 보아요.

세종 대왕과 함께 펼쳐 보는
훈민정음 해례본
이기범 글 I 지문 그림

훈민정음의 해설서인 훈민정음 해례본을 한 장 한 장 펼쳐서 우리 한글의 창제 원리와 우수성을 알아보아요.

김정호와 함께 펼쳐 보는
대동여지도
이기범, 고향숙 글 I 한용욱 그림

김정호의 열정이 담긴 대동여지도를 펼쳐 보며, 우리나라 방방곡곡에 숨겨진 소중한 역사와 문화를 만나 보세요.

우리나라에서 찾아 보는
유네스코 세계 유산
김원미 글 I 조용란 그림

예술적으로 가치 있을 뿐 아니라 한반도의 역사, 나아가 세계의 역사를 품고 있는 한국의 유네스코 세계 유산 15개를 만나 보아요.

기록의 나라 대한민국의
유네스코 세계 기록 유산
이기범 글 I 김은주 그림

《훈민정음 해례본》에서 '동학 농민 혁명 기록물'까지 우리가 소중히 지켜야 할 세계 기록 유산 18점을 알아보아요.

교과 연계
4-1 사회 2. 우리가 알아보는 지역의 역사
5-2 사회 1. 옛사람들의 삶과 문화

경주 역사 여행 워크북(그린북)